LETTRES CHOISIES

DE

ROBERT SCHUMANN

(1828-1854)

Traduites de l'allemand

PAR

MATHILDE P. CRÉMIEUX

SECOND RECUEIL

PARIS

LIBRAIRIE FISCHBACHER

Société anonyme

33, RUE DE SEINE, 33

1912

LETTRES CHOISIES

DE

ROBERT SCHUMANN

SECOND RECUEIL

LETTRES CHOISIES

DE

ROBERT SCHUMANN

(1828-1854)

Traduites de l'allemand

PAR

MATHILDE P. CRÉMIEUX

SECOND RECUEIL

PARIS

LIBRAIRIE FISCHBACHER

Société anonyme

33, RUE DE SEINE, 33

1912

COURTE PRÉFACE

L'accueil favorable fait, il y a presque trois ans, au volume de « Lettres choisies de Robert Schumann » traduites en français pour la première fois ; les encouragements venus de divers pays, me sollicitant de poursuivre cette œuvre attachante, m'ont décidé à entreprendre ce second volume.

Chose rare, Schumann joignait à sa merveilleuse organisation artistique, où la fantaisie se donne libre carrière, une certaine tendance à un ordre méthodique qu'il devait, sans doute, à l'honnête et laborieuse famille où s'était écoulée sa jeunesse. Il prit, dès l'âge de dix-huit ans, l'habitude de garder copie de toutes les lettres qu'il écrivait à tous les siens et à ses amis. Puis, à mesure que son cycle musical et intellectuel alla s'élargissant, sa correspondance s'étendit aux artistes en renom, à tous ceux qu'attirèrent son talent de pianiste (si vite arrêté dans son essor !) et surtout le charme original et pénétrant qui marque ses œuvres d'un caractère éminemment personnel. Au milieu d'occupations sans nombre, il sut ainsi classer, dans leur ordre de date, environ 4.608 lettres pieusement conservées depuis sa mort à la Bibliothèque de Berlin. On ne saurait les lire toutes et leur choix soulève de fréquentes hésitations, car il est rare que, dans chacune d'elles, on ne trouve pas quelque point intéressant à citer.

Le premier volume ayant été surtout consacré à faire connaître la jeunesse de Schumann, sa lutte en faveur de l'art pour lequel il se sentait né, et le roman de cœur qui se termina par son mariage avec Clara Wieck, j'ai plutôt recherché, pour ce second volume, les lettres qui se rapportent plus spécialement à la musique. Le « Paradis des sons » et son amour pour Clara, telles furent les deux passions de cet être trop exalté à qui il ne fut malheureusement pas donné, après le « struggle for life » qu'il avait soutenu pendant tant d'années, de jouir avec calme et sérénité de la plénitude de ce bonheur, si longuement désiré.

Presque toutes les lettres et les notes renfermées dans ce second volume ont été traduites par nous d'après « La nouvelle Suite de lettres de Schumann » publiées par F. Gustave Jansen, chez Breitkopf-Hartel, à Leipzig, et d'après les Remarques explicatives qui terminent ce recueil. Les admirateurs de Schu-

mann doivent une profonde reconnaissance à M. Jansen pour cette œuvre impartiale de vulgarisation.

Ce qui ressort des innombrables lettres de Schumann, c'est que l'amour de l'art qui le posséda tout jeune pour ne jamais le quitter, le remplit de la plus indulgente bienveillance et de la plus clairvoyante amitié pour tous ceux qui lui parurent doués pour la musique. A ceux-là, ses conseils, ses encouragements, sa protection efficace et inlassable sont acquis; il les suit dans la vie, ils font partie de sa clientèle, de ses multiples correspondants.

C'est aussi la persistance de ses affections : il les conserve toutes fidèlement et les retrouve avec joie quand les hasards de la vie, après les avoir éloignées pour un laps de temps plus ou moins long, les ramènent auprès de lui. Bon et généreux, sans aucune trace de jalousie, il pratique la plus entière franchise, il blâme ouvertement les œuvres qui lui déplaisent, quelle chaleureuse admiration l'anime en face de celles qu'il trouve belles! Sans parler des deux grands ancêtres, Bach et Beethoven qui, personnifiant pour lui le summum de la puissance grandiose de l'art, ont droit à tout son enthousiasme, comme il aime, comprend et apprécie les artistes qui répondent à ses aspirations! Schubert, Mendelssohn, Liset, Chopin, Brahms.... Il garde une place au premier rang à ceux qui, comme lui, voient grand.

Depuis longtemps déjà, la correspondance de Schumann est répandue dans toute l'Allemagne. En France, où sa musique, réputée trop savante, ne pénétra que lentement, bien qu'elle y rencontrât de fanatiques admirateurs, on savait trop peu de chose de sa vie et des grandes qualités de cœur et d'intelligence que révèlent ses lettres. Sa fin tragique nous apitoyait, nous connaissions ses préférences, mais nous ignorions la simplicité, la bonhomie et surtout la gaîté et la volonté de vivre qui animaient le pauvre malade dès que ses cruelles crises nerveuses lui laissaient quelque répit. Après avoir lu les deux volumes de correspondance que nous avons traduits, on comprendra et on aimera davantage cette riche nature d'artiste, et la femme admirable qui consacra sa vie à le chérir et à honorer sa mémoire. Pour lui, il l'admira et l'adora jusqu'à la mort, à l'égal de la musique dont il fut hanté jusqu'à son dernier soupir.

Robert Schumann mourut à Endenich, à l'âge de 46 ans.

LETTRES CHOISIES

DE

ROBERT SCHUMANN

(SECOND RECUEIL)

A Gisbert Rosen, étudiant en droit, à Heidelberg.

Leipzig, le 5 juin 1828.

Mon très cher Rosen,

Nous voici aujourd'hui au 19 juin, et quelque longues que m'aient paru les journées, je n'ai pas pu trouver le temps de terminer cette lettre commencée le 5 ! — Ah ! que ne suis-je à Heidelberg avec toi ! — Leipzig est une infâme bourgade dans laquelle on ne peut passer gaiement la vie. L'argent y fond avec beaucoup plus de rapidité qu'on ne fait de progrès au collège ou dans les salles de cours. — Cette remarque peut être assez ingénieusement appliquée à la vie en général et surtout à la mienne. — Je suis ici dénué de fonds, dénué de tout, comparant piteusement le temps actuel aux heures que j'ai vécues avec toi dans une

1

si chaude intimité. Devant ton portrait, je médite sur la bouffonnerie de la destinée qui fait se rencontrer, par des chemins opposés, des hommes qu'elle sépare ensuite. Peut-être, en ce moment, es-tu assis sur la montagne, dans les ruines du vieux château, adressant un sourire heureux à la floraison du mois de juin, tandis que moi, debout parmi les ruines des châteaux en Espagne que j'ai édifiés, je soupire en contemplant, dans le ciel sombre, le présent et l'avenir.

Ciel! Cette lettre me paraît devenir horriblement sérieuse, et par Dieu, cela ne sera pas! Il me faut dérider les physionomies attristées, comme la tienne et d'autres, il me faut les faire resplendir comme une pleine lune brillante ou comme une grosse rose épanouie, et garder pour moi ma sombre mélancolie. En quoi, d'ailleurs, mon sourire ou mes pleurs peuvent-ils intéresser l'humanité ?

Mon voyage à Ratisbonne fut mortellement ennuyeux, et tu ne m'as que trop manqué dans cette fourmilière catholique. Je n'aime pas à faire des descriptions de voyage et, particulièrement, celles qui font renaître en nous des nausées de dégoût qui doivent rester enfouies dans le fond de nos souvenirs. Sache seulement que, là-bas, j'ai pensé à toi avec la plus intime affection, que l'image de la charmante Clara (de Kurrer) a flotté nuit et jour devant mes yeux, et aussi que ce fut d'un cœur tout joyeux que je revis ma ville natale, mon cher Zwickau. Et ce Zwickau était tout bouleversé, parce que je n'y voulais rester que quelques heures! A Zwickau, on ignore complètement tout ce qui concerne Augsbourg et Munich, et on désirait ardemment m'en entendre faire de brillants récits; mais je fus inexorable! Pendant près de trois heures, je restai là, blotti dans un coin de la malle-poste, où je pleurai intérieurement en pensant à tout ce qui a déjà été arraché de mon cœur, à la vie de sauvage fainéantise que j'ai menée depuis deux mois, et qui, malheureusement, va continuer encore. Tu te trompes étrangement en me croyant négligent — j'ai de l'ordre plus qu'il est nécessaire — mais, ici, je me trouve complètement misérable, et la vie d'étudiant me paraît trop vulgaire pour pouvoir m'y plonger. Ce n'est pas par mauvais vouloir que je ne t'ai pas développé mes théories sur les associations d'étudiants, etc., mais de telles communications augmentent trop le port des lettres, et les miennes te coûtent déjà assez cher.

Mon aimable Rosen, te portes-tu bien? — Il fait aujourd'hui un temps radieux. — Hier j'ai été au Rosenthal, et j'ai bu une tasse de café, etc. Ecrire des lettres sans savoir qu'y mettre est une lourde tâche, sans compter que ma maudite plume se refuse à marcher et que ta tête va se rompre à essayer de comprendre mes hiéroglyphes sanscrits. Tu pourrais les

envoyer, à Paris, à ton frère qui les déchiffrerait —
assez maladroitement sans doute. — Je suis effroya-
blement joyeux aujourd'hui ; si ça t'intéresse, sache
que cela tient uniquement à ce que je n'ai pas le sou,
et que la mode, en ce cas, est de se montrer beaucoup
plus en train que lorsqu'on a quelque chose dans sa
poche. Très aimable Rosen, je te demande donc de
nouveau comment tu te portes. Il est affreux de devoir
payer 8 bons groschen pour aboutir à cela, mais il
n'en peut être autrement. Pour moi, je suis heureux
de chaque ligne de toi, de chacune des lettres intimes
que tu m'écris, et je paie le port avec joie, rien que
pour les recevoir.

Cela t'intéresserait-il de savoir que Renz, à Zwei-
naundorf, s'est battu en duel avec le comte Brühl ?
que j'ai occupé l'honorable poste de Schleppfuchs, et
que Renz a reçu une forte blessure dans le côté droit ?
Du reste, il a, avant-hier, insulté toute la Lusatia,
avec une désinvolture digne de figurer dans les annales
de l'histoire du monde !

Semmel n'a aucune envie d'écrire, mais il te salue
de tout cœur ; Matthies et Burckhardt n'ont rien à te
dire, sinon que tu es un « bœuf colossal. » Pourquoi
bœuf ? Je l'ignore. Melcher est aussi en querelle avec
les Saxons ; des flots de sang coulent, en ce moment,
dans les assauts d'armes ; il en survient un presque
chaque jour. Fischer ne s'est pas encore annoncé,

non plus que Semain, garde-chasse d'Aschaffenbourg.
Semmel, d'ailleurs, ne s'inquiète guère des associations d'étudiants ; il raille frénétiquement les notions
indécises et brumeuses du nationalisme, du pan-
germanisme, etc., et ces jeunes enflammés ne s'en
irritent que davantage.

Ah ! quel idéal je m'étais fait de la vie d'étudiant ! Et
combien je la trouve d'autant plus misérable ! Maintenant, je vais passer tout doucement à la partie la
plus sérieuse de ma lettre : mon séjour à Augsbourg
et le tien à Zwickau et à Gera font se dresser devant
mes yeux la vision de l'amitié. Hélas ! pourquoi
chaque minute se détruit-elle d'elle-même !

J'ai fait visite, à Bayreuth, grâce à la vieille Roll-
wenzel, à la veuve de Jean-Paul, qui m'a donné le
portrait de son mari. Si tout le monde lisait Jean-
Paul, on serait meilleur, mais plus malheureux. Il
m'a souvent presque troublé l'esprit, mais l'arc-en-
ciel de la paix et la nature énergique de l'homme
amènent les larmes avec douceur, et le cœur sort de
cette tourmente merveilleusement purifié et attendri.

Avec cette lettre pour toi, en partent deux autres
adressées à Augsbourg, au docteur et à Clara : tu ne
peux pas exiger de moi qu'après d'aussi épuisants et
lyriques épanchements, je continue sur le même mode !
L'image de Clara n'est pas encore complètement effa-
cée de mon cœur ; mais dans la grande ville agitée, de

telles blessures se cicatrisent rapidement. Adieu, mon
très cher ami; Caroline et Emilie Süssmann pensent
encore à toi avec ravissement; elles m'ont communiqué ton sentimental album de vers. Vis donc heureux,
et que le génie protecteur de l'homme et celui des
larmes de bonheur t'accompagnent sans cesse. Continue à aimer l'ami qui a passé avec toi de trop courts
instants, mais qui, joyeux, conserve ton souvenir au
fond de son cœur, parce qu'il a trouvé en toi un jeune
homme à la fois doux et énergique. N'oublie jamais
les belles heures que nous avons vécues ensemble et
reste toujours aussi humain, aussi bon que tu l'es
aujourd'hui. Réponds bientôt à

Ton Robert SCHUMANN.

A monsieur le chef d'orchestre G. Wiedebein,
à Brunswick.

Leipzig, 15 juillet 1828.

Très honoré Maître,

Puissiez-vous excuser l'audace d'un enthousiaste
jouvenceau de dix-huit ans, qui a puisé dans vos Lieder incomparables, la hardiesse de risquer ses faibles
sons dans le monde sacré de la musique.

Je dois à vos Lieder beaucoup d'heureux moments;

c'est par eux que j'ai compris et pénétré le sens caché des œuvres de Jean-Paul. Son obscure métaphysique m'est devenue claire et limpide, grâce à vos magiques euphémismes — telles deux négations équivalent à une affirmation. Depuis lors, le Paradis des sons, ces larmes heureuses de l'âme, a éclairé et épuré tous mes sentiments.

Soyez indulgent pour l'adolescent qui, sans être initié aux mystères de la musique, s'est enflammé jusqu'à transcrire d'une main inhabile un premier essai qu'il ose vous transmettre, en vous priant de joindre à votre bienveillance la plus sévère critique.

Ce sont les poésies de Kerner — dont la force mystérieuse et surhumaine semble tirée des œuvres de Gœthe et de Jean-Paul — qui ont commencé à me donner la pensée d'essayer mes forces naissantes; car, pour moi, chacune de leurs paroles demande à être précisée par la musique dont elle éveille la pensée.

Au nom de tous ceux qui connaissent vos Lieder, et qui en attendent impatiemment la suite, j'ose adresser une prière au maître : c'est de nous réjouir au plus tôt par de nouveaux Lieder inspirés de Kerner, dont la belle poésie et la profonde pensée sont si bien accompagnées par vos doux et mélancoliques accords.

Je vous prie aussi, très ardemment, si vos travaux vous en laissent le temps, de vouloir bien me donner, sur les Lieder ci-joints, un mot de réponse. . . . . .

Au même.

Le 5 août 1828.

Honoré Monsieur, tous mes plus vifs remercîments pour votre lettre dont chaque mot m'est précieux et sacré. J'ai probablement oublié de vous dire, dans ma lettre précédente, que je ne connais rien ni des règles de l'harmonie, ni de la basse continue, ni du contrepoint, etc. Je ne suis qu'un élève impulsif de la Nature, suivant aveuglément ses penchants et aspirant à briser toutes les entraves. Je vais maintenant me mettre à étudier la composition, et le couperet tranchant de la science abattra, sans merci, tout ce qu'inspire la Fantaisie déréglée, celle qui — du moins aux yeux de la jeunesse — lutte comme l'Idéal et la Vie et ne supporte pas que le froid raisonnement pénètre, en contrebande, sur son territoire. . . . .

Les farouches griffes de la raison ne doivent pas déchirer les frêles touches de la Muse lyrique, la première ne devant pas être, d'après les Romains, l'humble suivante chargée de porter la traîne de la Fantaisie, mais au contraire son rôle consistant à la précéder avec les rayons de son flambeau et à la guider dans le royaume des sons dont elle soulève les voiles.

... La musique ne calme pas le combat des sentiments, mais elle excite leur désordre, les laisse dans un état de profond bien-être semblable au calme qui succède à l'orage. Voilà ce que j'éprouve lorsque j'écoute ou que j'exécute vos « Lieder. »

Et c'est pourquoi je vais me lancer avec une nouvelle ardeur sur la route qui conduit au royaume harmonieux dans lequel vous représentez, pour moi, l'unique et incomparable Idéal. Permettez-moi, après une année de travail, de vous soumettre le résultat de mes efforts ambitieux. . . . .

. . . .

Très honoré Monsieur, puisse votre vie être aussi claire et limpide que le plus harmonieux des sons et puissiez-vous ne jamais verser que des larmes de joie ou d'admiration! Vivez aussi heureux que vous le méritez, vous qui avez déjà fait passer à beaucoup d'êtres tant d'heureux moments, et à moi, en particulier, les meilleurs que j'aie vécus.

Robert SCHUMANN.

A. G. Rosen.

Leipzig, 14 août 1828.

Ce doit être une joie mélangée d'exaspération que d'avoir à déchiffrer mon sanscrit; c'est pour cela que je prends aujourd'hui tant de peine pour bien écrire.

Je transforme l'exception en règle, parce que la règle est que les poètes et les juristes écrivent comme des chats, c'est-à-dire comme moi.

Mon très gentil Rosen, baron malgré lui ! — Quel heureux temps que celui où tu étais encore baron et où, avec ta *débaronisation*, tu commençais ma noble et libre vie d'étudiant ! J'ai dû, malheureusement, reconnaître qu'on ne rencontre pas plus de roses dans la vie que de Rosen parmi les hommes !

Je prends souvent mon essor et me complais en compagnie de Jean-Paul ou de mon piano, et cela, les patriotes et les braillards nationalistes ne le supportent pas. Les aéronautes qui planent dans l'espace se comportent généralement avec les ronds de cuir et les parasites comme l'abeille avec l'homme : quand elle vole, elle ne lui fait aucun mal; mais dès qu'il s'avise de l'enlever à ses fleurs, elle le perce de son dard. Moi, cependant, je ne pique pas : je préfère me servir de mes pieds et de mes mains pour mettre en déroute toute idée nébuleuse de nationalité, etc. Götte est un de ces hommes au caractère énergique doué d'un lyrisme et d'une sensibilité à la fois épique et pratique, qu'on n'est pas habitué à rencontrer. Je le vois chaque jour, c'est le seul avec lequel je sois presque lié d'amitié; il y en a quelques autres dont je ne m'occupe guère; j'excepterais Schütz et Günther s'ils étaient moins exclusifs. — D'autre part, on parle d'une abrogation de la Constitution ; cela vaudrait mieux : en ce faisant, on nettoierait les petites lumières pour les anéantir et allumer les grandes qui n'en éclaireraient que mieux. Semmel s'est complètement retiré de l'action, il se contente de ratiociner parfois, ce qui lui vaut d'être souvent attaqué ; mais il a — Dieu merci ! — suffisamment d'impassibilité pour se contenter de hausser les épaules à ce sujet. J'irai sûrement à Heidelberg, mais, hélas ! pas avant Pâques. Ah ! si tu pouvais y être encore pour me guider dans ce paradis fleuri ! Les gracieux tableaux pour lesquels je te remercie de tout cœur donnent des ailes à mes rêves, et, en un moment, je transporte mon domicile dans la vallée du Neckar. Ici, d'ailleurs, je n'ai encore suivi aucun cours, je n'ai travaillé que dans la retraite (c'est-à-dire que j'ai joué du piano et écrit quelques lettres et quelques essais à la Jean-Paul). Ma copieuse correspondance avec toi m'occupe aussi beaucoup. N'oublie pas ceux qui t'aiment, et moi en particulier.

Je n'ai encore pénétré dans aucune famille ; sans savoir pourquoi, je fuis les humains. Je sors peu, tant je suis écœuré de la mesquinerie et de l'étroitesse d'idées de ce monde égoïste. Ah ! Que serait un monde sans hommes ? — un cimetière sans bornes — un sommeil de mort sans cauchemars — une nature sans printemps et sans fleurs — un kaléidoscope sans images — et pourtant, qu'est-ce que ce même monde habité par des hommes? — un immense cimetière de songes évanouis — un sommeil de mort avec des rêves sanglants — un jardin planté de cyprès et de saules pleureurs — un kaléidoscope muet avec des figures en larmes. Oh Dieu! — voilà ce qu'est le monde, oui, en vérité! Les dieux seuls savent si nous nous reverrons jamais; cependant le monde n'est pas encore suffisamment vaste pour pouvoir séparer deux hommes qui sont amis.

Je n'ai encore aucune nouvelle d'Augsbourg, bien que j'aie déjà écrit depuis quelque temps; — rien de particulier à Zwickau; j'y suis resté quelques jours pour la chasse aux oiseaux; et j'ai pu, avec ma vieille tendresse, serrer dans mes bras tous les chers miens. — Oh! je me sens capable d'éprouver une rancune éternelle, mais aussi un amour sans fin.

Edouard t'en veut de ton silence; écris-lui donc, ne te l'ai-je pas dit dans ma dernière lettre?

T'es-tu déjà battu en ta qualité de vaillant gaillard avec les notables de l'endroit? — Où comptes-tu voyager lors des vacances de la Saint-Michel? — Je serai à Zwickau du 12 septembre au 20 octobre; si tu veux m'écrire pendant ce temps-là, ou avant, voilà mon adresse. — Je n'affranchis pas cette lettre, parce que je ne possède pas un rouge liard; donc, n'affranchis pas ta réponse . . . .

. . . .

N'oublie pas ton ami lointain qui est vraiment broyé et malheureux et souhaite-lui tout ce qu'il te souhaite. Surtout reste ce que tu as été : — *Humain....* Adieu.

Ton
SCHUMANN.

A G. Rosen.

Schneeberg, 30 avril 1829.

Mon bon Rosen,

Mes châteaux en Espagne relatifs à Heidelberg ont failli s'effondrer. Mon frère Jules, peu de temps après les couches de sa femme, est tombé gravement malade; ma mère me fit jurer de ne pas l'abandonner au cas où il mourrait, parce qu'elle serait complètement isolée. Depuis lors, la maladie a disparu, et je peux te dire avec joie et certitude que, d'aujourd'hui en trois semaines, nous serons gaiement attablés ensemble et boirons un généreux Johannisberg.

Il m'a été très difficile dans ces derniers temps de quitter Leipzig, il fallait m'éloigner d'une âme belle, ardente et pieuse qui s'était emparée de la mienne. Cela n'a pas été sans effort, mais enfin la chose est faite, je suis libéré, debout, fier et fort avec mes larmes refoulées : c'est avec espoir et courage que je songe aux bourgeons des fleurs de mai qui poussent à Heidelberg.

La première chose que je chercherai à Heidelberg sera une conquête, sans quoi tu devrais trop souvent combattre mes humeurs noires.

Je ne crois pas t'avoir déjà écrit que notre ami Semmel partira pour Heidelberg après son examen (le 27 mai). — Ce que nous nous amuserons ! — Pour la Saint-Michel, nous irons en Suisse, et Dieu sait encore où. — Puisse notre jolie feuille de trèfle ne jamais se faner ! — Avant-hier, il y eut un très brillant concert à Zwickau ; 800 à 1.000 personnes y étaient réunies ; naturellement je fis œuvre de mes doigts ! Je ne sors pas des plaisirs et des fêtes de toutes sortes. — Vendredi, il y eut bal paré chez Oberstein (de Trosky) ; samedi, thé dansant chez le docteur Hempels ; dimanche, bal d'écoliers où je me suis abominablement grisé ; lundi, quatuor chez Carus (Matthay de Leipzig). — Mardi, concert à la Halle-aux-Draps, suivi d'un brillant souper ; mercredi, déjeuner à la fourchette où je ne me suis pas privé de champagne ; ce soir, le bal d'adieux. — Et tous ces divertissements ne me coûtent pas un centime — sans compter tous les déjeuners, dîners et soupers que j'ai depuis longtemps oubliés.

Je t'écrirai de Francfort, où je pense rester quelques jours, la date de mon arrivée à Heidelberg. Le lundi soir 11 mai, je quitterai sûrement Leipzig. Hélas! je n'apporterai pas beaucoup d'argent, car, à Leipzig, il me faudra, avant de partir, donner la pâture à pas mal de créanciers plus grognons les uns que les autres; peut-être devras-tu me venir en aide dans les premiers temps; sinon, les « Génies » devront agir tout seuls — de toutes façons, je serai auprès de toi le 18. . .

En historien fidèle, je te conterai de vive voix toutes les sottises que font les étudiants : il vient de se constituer, à Leipzig, une nouvelle association dans laquelle ne sont entrés que les plus mauvais sujets.

Ici, il a neigé toute la journée; j'espère toutefois que je ne serai pas contraint d'aller à Heidelberg en traîneau; chez toi, tout est déjà sûrement blanc, vert et rouge, j'en ai les yeux éblouis d'ici.

Adieu, mon cher ami, la joie de se revoir fait oublier les longues séparations; puisse-t-il en être ainsi pour nous. Continue à me sourire aussi gaiement que le printemps, et que ton âme ne connaisse jamais l'hiver.

Ton frère,

Robert Schumann.

Très à la hâte. — Ah! que j'ai pitié de tes yeux! A peine, si je puis, moi-même, relire ma lettre.

A son tuteur.

Heidelberg, 21 août 1830.

Très honoré monsieur Rudel,

Mes parents vous ont certainement communiqué ma résolution et mon nouveau plan de vie. Croyez-moi, je suis né pour l'art et je lui resterai fidèle. Moi qui connais votre manière de comprendre la vie et qui sais l'apprécier, je me suis longuement interrogé, et je suis convaincu de pouvoir anéantir chez vous les plus légers doutes si, toutefois, vous en conservez encore.

Voici quelle est ma résolution définitive : pendant six mois, je vais me consacrer entièrement à l'art, à Leipzig, sous la direction de Wieck. Vous pouvez, très honoré monsieur Rudel, avoir pleine confiance en lui et attendre sa décision. Si, après ces six mois, il dit que je puis, en trois années, atteindre la perfection artistique rêvée, laissez-moi y parvenir en paix, je ne sombrerai certainement pas. Si pourtant, au bout de ces six mois, Wieck émettait encore un doute, il n'y aurait rien de perdu en ce qui concerne mes études de droit, et je ne demanderais pas mieux que de préparer, dans un délai d'une année, mon examen, ce qui ne me ferait pas plus de quatre années complètes d'études.

Cher et honoré monsieur Rudel, vous comprenez assurément qu'il me faut quitter Heidelberg le plus tôt possible, un plus long séjour ne pouvant que m'être nuisible. Ayez donc la bonté de m'envoyer, sans tarder, une lettre de change importante qui puisse faire face au voyage et au règlement des dettes que j'ai contractées ici; vous me satisferez pleinement en m'envoyant de 150 à 180 thalers. Je m'engage, en échange, à ne plus vous demander un seul Kreutzer jusqu'à la fin de cette année. En exauçant ma prière, vous me tirerez d'une foule d'embarras et de tracasseries.

Je vous envoie mes sentiments de plus profond respect.

Votre très dévoué

Robert SCHUMANN.

Au même.

Heidelberg, 18 septembre 1830.

Très honoré monsieur Rudel,

Fasse le ciel qu'aucun malheur survenu dans votre famille ou dans la mienne ne soit la cause de votre long silence! Ou, par hasard, n'auriez-vous pas reçu ma dernière lettre si pressante?

De nouveau, je vous prie instamment de m'envoyer, sans retard, réponse et lettre de change, et si la chose est possible, faites que celle-ci soit de quelque importance; quoi qu'il en soit délivrez-moi, du moins, des doutes insoutenables qui m'enlèvent tout repos. Vous ne pouvez avoir idée de l'affreux ennui que je traîne ici! J'y suis l'unique étudiant et j'erre, solitaire, par les prés et par les bois, abandonné et *pauvre* comme un mendiant, toujours poursuivi par mes dettes criardes.

Montrez-vous indulgent pour moi, très honoré monsieur Rudel. Envoyez-moi, cette fois, une forte somme d'argent et ne me réduisez pas à être forcé d'emprunter mes frais de départ, ce qui serait très fâcheux pour moi et peu agréable pour vous.

Je me recommande encore instamment à votre bonté et à votre bienveillance, et je signe votre très respectueux, mais très pauvre

Robert SCHUMANN.

Je ne viendrai pas à Zwickau avant Pâques, ce séjour risquant de me coûter trop de temps.

Je vous prie de communiquer cette lettre à ma famille et aussi d'être assez bon pour excuser la hâte et la négligence de mon écriture — cela tient au trouble dans lequel je vis!

A A. Lemke.

Leipzig, le 11 janvier 31.

Mon cher et bon Lemke,

Je finis pourtant par t'écrire!... Et encore, ne l'aurais-je peut-être pas fait si je ne venais pas de lire dans *l'Hesperus*[1] un récit de vos réunions musicales de Heidelberg qui m'a transporté, tout vivant, dans ton cabinet, à l'époque de notre vie de cocagne (qui, plus tard, nous sembla banale), alors que pendant des heures, des jours et des nuits, nous avons vécu, trinqué, rêvé et musiqué ensemble.

Dans le froid Leipzig, nul ne m'a encore donné signe de vie, si ce n'est May avec sa jolie voix de ténor. La prière que je t'adresse de me tenir au courant de toute chose — intéressante ou non — est donc naturelle et excusable, et tu seras, pour moi, Sivius ou Eutropius.

Ma vie est exactement la même qu'autrefois, on pourrait me croire tombé de la lune; les quelques personnalités de plus qui s'y introduisent ne peuvent y apporter aucune modification.

J'attends impatiemment le récit des piquants inci-

1. Publication encyclopédique de E. et K. André (Stuttgard).

dents de ton voyage en Suisse : aventures d'amour, reconnaissances, baisers, pistolets ! En ce qui concerne le mien, je n'ai pas grand'chose à te conter. Au total, mes derniers jours à Heidelberg furent les plus durs de ma vie : le départ pesait sur moi comme un nuage chargé de pluie à travers lequel apparaissait de temps en temps le visage angélique de la charmante Philippine, qui éveillait en moi de fatales pensées de séparation, d'abandon de la vie. . . . .

A mesure que le bateau à vapeur augmentait de vitesse et que Mannheim disparaissait derrière les fleurs, une agitation fébrile s'empara de mon être, et j'eus l'impression qu'un génie s'adressait à moi et me disait : « Vois comme les fleurs se fanent ! » Mais assez plaisanté, soyons sérieux. A vrai dire, le départ de Heidelberg me sembla excessivement pénible.

Vieil ami, à qui je serre la main, écris-moi donc tout, tout ce qui t'intéresse, ce qui t'est cher, ce qui t'entoure — si tu as joué dans un concert ou bien qui a joué à ta place ; si tu as des nouvelles de Mitchell. (Pourquoi tes yeux se troublent-ils tout à coup ? Penserais-tu au dernier clair de lune ?) Dis-moi qui aime la petite gouvernante embrasseuse du voisinage, ou qui en est aimé ; si « l'âne verdoyant » espère toujours ; si la charmante petite Philippine est fiancée — en un mot, *tout*. N'oublie pas de saluer pour moi Sauters, Herzfeld, Wolff, Wedekind, le petit Braune,

Anderson et Wendt — et elle aussi, la gracieuse fleur fantaisiste de Faulhaber.

N'oublie pas de me rappeler au souvenir de la petite intendante et fais-le sérieusement. — Bref, sois raisonnable, ami, et agis en vue de m'être agréable. Je t'envoie mes plus affectueux compliments et suis, en toute fidélité et tendresse, ton vieux Schumann. .

.   .   .   .

Dis-moi si on parle de moi, de ma fuite, de mes ·dettes?

Dis-moi aussi qui tu aimes — n'oublie surtout pas de *la* saluer de ma part.

A Frédéric Ritzhaupt, à Heidelberg,

14 août 1832.

Lorsque je suis profondément plongé dans le ciel de la musique, j'y découvre souvent une tête qui ressemble fidèlement à la vôtre, cher Fritz. Que n'ai-je pas à vous raconter? Que n'avez-vous pas à me pardonner? Et cependant, que de fois j'ai pensé à vous en suivant silencieusement le chemin que vous avez pris sous mes yeux. Pourrais-je savoir avant tout si vous êtes encore en vie? — Comment va votre famille envers laquelle j'ai gardé vilainement un si long silence? — Et si vous considérez le son musical comme

un présent des dieux? — Et si le Neckar coule encore
à Heidelberg? — Qu'est-ce que fait la vieille Chris-
tel? — En général, du reste, je désire savoir beaucoup
de choses.

Vous apprendrez alors combien souvent je suis
encore le jouet de la fortune, et comment, pour moi,
la musique est toujours la langue qui permet de s'entretenir avec l'au-delà. Sur beaucoup de points, j'ai
acquis une plus large compréhension de la vie ; je suis
assidu et ordonné, je travaille beaucoup ; bref, vous
apprendrez nombre de choses, se rapportant soit à la
musique, soit à la poésie, soit à la philosophie. J'eusse
aimé vous envoyer mes compositions *in natura*, mais
j'ai craint un accident et la dépense. Il est plus com-
mode de passer par l'éditeur. Sur tous les autres
points, mes projets d'études, de perfectionnement,
d'avenir, attendez-en le détail dans une longue et prochaine lettre.

Pour aujourd'hui, après notre longue séparation, je
vous tends amicalement une main lointaine dont la
vôtre saura bientôt écarter tout brouillard.

A l'avocat Dr Töpken, à Brême.

Leipzig, 5 avril 33.
Vendredi saint.

Mon cher et amical Töpken,

Quel plaisir m'a causé votre lettre, quoique — m'étant parvenue depuis quatre semaines, — elle ne me soit pas arrivée sur l'aile d'un aigle. Serait-il juste qu'après vous avoir fait attendre si longtemps la question, je tarde de même à vous envoyer la réponse? Mais votre lettre affectueuse est venue me rejoindre dans mes montagnes natales au milieu de mes parents, de mes amis, de mes plaisirs, de jouissances de toutes sortes qui ont été la cause du fâcheux retard de ma réponse. J'espère que vous ne l'attendiez peut-être pas avec trop de certitude. Après une si longue séparation, on se serre plus volontiers la main qu'on ne se parle beaucoup, et je constate une certaine exubérance dans l'étoffe que peu à peu les ans ont tissée pour nous.

Soyez persuadé que je pense souvent à vous; que journellement, dans mon paradis musical, j'aperçois à l'horizon une tête semblable à la vôtre; que je revois le joli chemin dans lequel vous vous êtes engagé sous mes yeux, — en musique comme en toute chose, et où, malgré votre éloignement, je cherchais à vous rejoindre afin de parvenir sans crainte jusqu'aux degrés que vous avez gravis.

Evidemment, nous nous trompions quand nous voulions, d'un seul coup, avec un entêtement machinal, atteindre ce que les années de repos et d'expérience seules apportent peu à peu à l'homme. . . .

. . . .

Je suis très heureux que vous connaissiez les « Papillons » qui ont été en grande partie composés aux alentours de ce bel Heidelberg et non loin de vous-même; cela vous prouve, au moins, que je suis toujours en vie. Votre compte rendu me sera très précieux; s'il y a assez de place dans cette lettre, je vous y joindrai un article viennois qui m'a beaucoup réjoui. Dans l'« Iris » de Berlin, vous trouverez aussi beaucoup de choses gracieuses sur mon compte. Pour la messe de Pâques, ont été faits des Intermezzi (2 cahiers de Papillons plus considérables) et un Allegro de bravura dont je vous signale particulièrement l'apparition. Durant tout l'hiver écoulé, j'ai travaillé à une grande symphonie pour orchestre, qui a pris tout mon temps; elle est maintenant terminée, et, sans faux orgueil, je compte beaucoup sur elle pour l'avenir.

Je joue peu de piano. (Ne craignez rien, j'en ai pris mon parti avec résignation!) J'ai, à la main droite, un doigt cassé et inerte. A la suite d'une légère atteinte que j'ai négligée par insouciance, le mal s'est tellement aggravé que c'est à peine si je puis me servir de ma main. — Sur ce sujet, comme sur ma façon de vivre qui est toujours très gaie ; sur l'accueil des plus encourageants que j'ai trouvé dans le monde de l'art ; sur mes projets d'avenir, sur la vie bourgeoise que je mène à cette heure, qui est en antinomie marquée avec celle vécue à Heidelberg au milieu des gais compagnons, vous serez mis au courant par une prochaine lettre très détaillée. En tout cas, les vôtres me parviendront toujours par les soins de Wieck ; le vieux professeur est mon plus ancien ami.

Vous devez avoir lu des éloges de Clara Wieck, pensez-en encore davantage, et je serai d'accord avec vous. — Moschelès était indécis et hésitant, tant à propos de notre revoir que pour son jeu (merveilleux), Kalbrenner revient ici dans trois jours ; avec Hummel, j'échange des lettres affectueuses. Si cela peut vous intéresser, sachez que son opinion sur moi est complètement d'accord avec la vôtre.

Si Pâques était tombé, en 1830, le même jour que cette année, ce serait demain l'anniversaire du jour où nous nous mîmes en route vers Francfort et Paganini.

Je lis dans mon « Journal » : « — Les premiers cochers, — des traînées de nuages au ciel, — attente pénible sur la montagne, — le Melibocus, — Auer-bach, — Benecke (je le rencontrai ici se rendant à Berlin en chaise de poste), — la petite servante, — remontrances de Lichtenberg. (Par prudence, je me suis muni d'une demi-feuille de papier, je réclame l'indulgence et promets de faire mieux.)

— « Et éclats de rire, — forestier — Malaga, — puis Chädttler et Eckmeyer, — bu à leur santé, — billard.

« Dimanche de Pâques. — Malédiction de Töpken, — mines pitoyables, — Darmstadt, — Pittoresque saule pleureur dans la cour de l'auberge, — temps d'avril, bleu et noir — Attente devant Francfort, — ennuyeux voyage à pied *à côté* d'une haridelle paralysée — arrivée au Cygne. — Soirée Paganini, — Weber (je n'ai plus jamais entendu parler de lui, et vous ?) — Enchantement (n'est-ce pas là le mot exact?) avec Weber, Hille et vous au Cygne, — Musique loin-taine et béatitude dans le lit.

« Lundi de Pâques. — La jolie fille dans les buis-sons de bruyères. — Soirée : Guillaume Tell de Rossini, — ici on lit dans le « Journal » : sain juge-ment de Töpken — Course échevelée vers la bruyère, — bombardement de lorgnettes sur la jolie fille, — Champagne.

« Mardi de Pâques. — Admiré des pianos à queue, avec Töpken — Al. Schmitt — Valse de Schubert —

Braunfels — Figures de cire — Je quitte Weber —
peut-être pour toujours — (et il en est réellement
ainsi jusqu'à ce jour) — Départ de Francfort, — Mon
habileté à me dissimuler dans les rues tortueuses de
Francfort — Darmstadt. » Je transcris maintenant
mot à mot : « Etat délicieux à la suite d'une chope de
vin — Töpken légèrement émoustillé — Le majes-
tueux Melibocus dans la vapeur rosée du soleil cou-
chant. — On emporte du vin dans la voiture —
l'horrible haridelle — changement des guides — Fina-
lement, arrivée à Auerbach — Lotte — Amère querelle avec Töpken — Je me mets en colère pour la
première fois depuis des années.

« Mercredi de Pâques. — Mauvais temps. — La
Bergstrasse est toute fleurie. —A Handschuhheim.

« Prussiens — Arrivée à Heidelberg. — Fin. »

Je n'aurais jamais cru que ce que j'ai écrit autrefois,
— exception faite pour mes compositions musicales —
me causerait autant de joie que j'en ai eue à transcrire ces lignes. Votre portrait est devant moi, si
vivant que je voudrais joindre une seconde lettre à
celle-ci. Elle vous dirait combien je vous ai toujours
aimé et estimé, excepté, toutefois, pendant une certaine soirée à Auerbach, où certainement des coups de
canon nous auraient fait moins de mal que les fusées
de mots profondément blessants dans lesquelles nous
nous sommes complus, mots qui pénétraient dure-

ment jusqu'au fond de notre être. Depuis lors, plus d'une joyeuse rencontre printanière nous a remis en gaîté, et vous m'avez si souvent accordé mon pardon, que je pense le réclamer une fois de plus.

Avec amitié, et de tout cœur, je vous envoie mon souvenir très affectueux, puisse votre main dissiper les nuages qui voilent encore les deux dernières années; peut-être se résoudront-ils en gouttelettes qui tomberont toutes chaudes sur la main de votre ami,

R. SCHUMANN.

. . . .

... En recopiant le compte rendu que je vous envoie, je me suis à moitié endormi, ce qui doit facilement s'apercevoir d'après mon écriture; récompensez ce grand sacrifice par une réponse rapide. Parlez-moi aussi de vos études musicales; je n'ai pas besoin de vous dire quel intérêt j'y prends. — Je crois pouvoir vous recommander comme excellents les *Caprices* de Paganini, et j'attends votre appréciation sur eux. J'ai appris, après coup, que le poète Grillparzer de Vienne est l'auteur du compte rendu.

Adieu mon cher et meilleur ami.

A Rellstab, à Berlin.

Leipzig, 13 janvier 34.

Puis-je vous dire, avec tout le respect que vous méritez si bien, que j'ai grand plaisir à vous écrire, à penser à vous, surtout le mardi, jour où l' « Iris » paraît. De semaine en semaine, j'attendais avec un impatient désir votre appréciation de mes « Intermezzi » que je vous avais envoyés depuis longtemps, et qui, je le crains, ne vous sont peut-être pas parvenus. Je vous demande la permission de vous envoyer un autre exemplaire, pour que vous ne jugiez pas les *Impromptus nouveaux* en dehors des autres. Il me reste encore à ajouter que la partie du haut est l'œuvre de Clara Wieck; la basse est de moi. . . . . .

. . . .

A propos : pour une sonate de Beethoven jouée par Schunke, je donnerais tout ce que j'ai entendu de Moschelès et de Katbrenner.

Envoyez de vos nouvelles, je vous prie, à votre dévoué dans le présent et dans l'avenir,

Robert SCHUMANN.

Au Dr Töpken.

Leipzig, 27 mars 34.

Pourquoi me laissez-vous sans nouvelles? Vous savez la part que je prends à vos joies et à vos peines. Comme je ne suis pas certain que cette lettre vous trouvera à Brême, je vous écris brièvement, non comme ami, mais comme Directeur d'un journal musical. Me mettant à l'abri derrière une cotte de mailles et le jargon parlementaire, le programme ci-joint nous dit tout. Comme directeurs, avec moi, je vous citerai le chef d'orchestre Stegmayer, Wieck et Louis Schunke. Si vous êtes encore, comme jadis, prêt à soutenir avec joie tout ce qui est noble dans l'Art, nous ne pensons pas vous adresser une prière inutile en vous demandant amicalement de devenir notre correspondant de la ville libre de Brême, et en vous priant de nous communiquer tout ce qui s'y produira d'intéressant, dans le monde musical. Vous vivez de façon à pouvoir juger sévèrement et sans rien ménager; ce sont ces gens-là, justement, dont nous désirons la collaboration. Donc, la main dans la main, parlons et agissons!

J'ai entendu dire que Franz Otto, un excellent compositeur de Lieder, est engagé dans votre ville; voulez-vous lui faire parvenir la lettre incluse? Si vous ne trouvez pas Otto, déchirez la lettre; si vous le trouvez, chargez-vous de sa réponse : c'est une nature géniale, mais rude et d'apparence grossière.

Avez-vous reçu mes Intermezzi et les Impromptus! Il paraît en ce moment une *toccata,* et un *grand allegro;* viendront prochainement trois sonates. Répondez bientôt, très cher. — Vous serait-il peut-être agréable de faire une étude sur le mouvement musical dans votre ville pendant le dernier hiver? Ce serait superbe. Adressez le tout à la rédaction du Nouveau Journal de Musique, à Leipzig, librairie Hartmann. N'affranchissez aucun de vos envois. Je suis très autoritaire par écrit, mais vous me connaissez. Beaucoup de bons compliments à votre chère femme.

Votre

SCHUMANN.

A Mme Henriette Voigt, née Kuntze,
à Leipzig.

. . . .

Recevez donc un bon remercîment pour votre lettre qui a si heureusement terminé une si bonne journée.

Parlons de Schubert. — Sa vie brille en ce moment avec tant d'éclat, qu'un coup d'œil donné à l'avenir la fait encore mieux apprécier. Franz Schubert est le beau jeune homme pâle sur les lèvres duquel semble toujours se jouer une mort prochaine. — Oui ! Dans le divertissement hongrois, on pressent la dernière rencontre avec des hommes voilés de crêpe, avec catafalque et obsèques comme pour les funérailles d'un maréchal de France. — Mais je ne veux pas vous effrayer : il est heureux que quatre mains soient indispensables — sans cela vous eussiez peut-être voulu déchiffrer toute seule, tandis que vous voilà forcée d'attendre la venue de l'ami Louis Schunke ou celle de votre respectueux

R. Schumann.

3 juillet 1834 (au matin).

Au Dr Töpken.

18 août 1834.

Vous n'avez pas encore appris, bien cher Töpken, comme il est pénible de remettre de quinzaine en quinzaine le paiement de sa note d'hôtel et d'être obligé ensuite de demander une nouvelle prolongation, car vous avez toujours eu de l'argent ! Du fait d'une longue maladie de notre secrétaire, tout le travail m'est tombé sur les bras, si bien qu'aujourd'hui, je paierai bien peu de mes dettes envers vous, et

encore, je les paierai mal, car j'ai la tête toute bour-
donnante par suite de la correction d'un dernier article.
De plus, voilà trois fois que je taille ma plume sans
arriver à un résultat ; je tente l'opération pour la quatrième et dernière fois. Si cela ne marche pas, vous
n'aurez aucune lettre aujourd'hui ;... mais j'espère y
parvenir.

D'abord de grands remercîments pour vos travaux
qui plaisent à tous, pour mille raisons. Le secret
(imprimé le jour même de votre départ de Brême) est
amusant, mais assez clair, car nous étions déjà en
retard de 15 jours, par la faute de l'éditeur. On a tenu
hier une grande conférence qui a posé des règles si
sérieuses que, dans un mois, tout marchera merveilleusement ; s'il en était autrement, ce serait se
montrer injuste envers le public, car il donne à cette
institution un appui qui est une joie pour nous.
Prague, seule, prend 50 exemplaires ; Dresde, 30 ;
Hambourg, 20.

Tous ceux qui, telle la jeunesse, ont l'avenir devant
soi, en tressaillent de joie, de par le monde. Il est
inexplicable que l'on n'ait pas, depuis longtemps,
tenté de mettre un frein aux jobardises louangeuses de
nos critiques actuels. Donc, fouaillez hardiment cette
multitude semblable à un troupeau qui, après avoir
relevé un instant le nez lorsque les éclairs l'aveuglent,
se remet ensuite à brouter paisiblement. Du moins,

ce troupeau-là a-t-il, pendant un court moment,
dirigé son regard vers le ciel ! . . . .

. . . .

Je ne suis pas le numéro 3 — c'est Schunke. — Je
prends pourtant une grande part à ses travaux, car il
est infiniment moins habile la plume à la main que
sur le clavier. Je signe rarement avec des chiffres ;
mais, quand je le fais, ce sont les *deux* qui m'appar-
tiennent (2-12-22-32, etc.). Le père Doles, d'une valeur
supérieure à Beethoven, paru dans le dernier numéro,
est l'œuvre de mon ami Lyser, le peintre sourd. Il travaille à deux portraits du même genre : Haydn et
Haendel. Les Compagnons de David ne produisent
pas souvent, mais quand ils le font, ils s'y mettent
avec passion : en ce moment, ils tracent de grandes
esquisses — (déjà historiques) — qui se relieront étroi-
tement les unes aux autres.

La dernière symphonie de Beethoven (pour servir
de transition entre la période classique et la période
romantique) — Franz Schubert — Mendelssohn —
Chopin. — Mais je suis très prudent, presque inquiet,
et je vais encore attendre une semaine ou deux.

L'histoire racontée par Klein sur la genèse des
études de Hummel me paraît invraisemblable. Exa-
minez-les avec soin, et vous ne manquerez pas d'y
reconnaître la main du maître, de même que l'affai-
blissement apporté par l'âge.

Vos Rapsodies paraîtront dans les numéros 35 et 36. Continuez! Nous recevrions aussi avec reconnaissance quelques appréciations sur la musique dans les pays du Nord. Si vous désirez des honoraires, je ne vous les refuserai pas, mais si vous voulez vous montrer généreux et faire quelque crédit à notre éditeur qui a fait pour nous, au début, de grands sacrifices, nous vous en serons doublement reconnaissants.

Les prochains numéros renfermeront des articles humoristiques de K. Stein; un examen très étudié des talents artistiques de la Schrœder-Devrient; enfin une revue de la presse qui sera fort intéressante.

Nous nous réjouissons à l'avance de lire le récit de votre vie musicale dans l'Amérique du Sud. Fink va vous maudire.

Les notes commandées sont sans doute entre vos mains.

Avez-vous lu l'article que Gottfried Weber m'a consacré. Il m'a réconforté. Sur ma « Toccata, » vous serez d'accord avec lui. Il ne parle plus un langage aussi sauvage, son jugement s'est rassis. Avez-vous envie d'écrire une critique de la « Toccata » et (si vous le voulez) une des Intermezzi — en laissant de côté, bien entendu, tout sentiment d'amitié personnelle et en y mettant votre signature? Cela nous ferait un très grand plaisir. J'attire votre attention sur une Sonate de Schunke qui vient de paraître (Chez Wunder).

Toute la rédaction des Compagnons de David vous salue avec grand respect. — Nous vivons, en ce moment, un roman comme il n'en a encore existé dans aucun livre.

Ne m'oubliez pas.

R. S.

NOTE DE LA TRADUCTRICE. — *En cette année 1834, Schumann écrivit à Mme Voigt nombre de lettres, des plus affectueuses, où il parle d'Ernestine de Fricken[1]. Mme Voigt avait favorisé le penchant amoureux de cette jeune fille pour Robert, également épris : ce fut sous ses auspices que les jeunes gens se fiancèrent à l'insu des parents d'Ernestine. Robert n'apprit que plus tard que sa fiancée était la fille naturelle de M. de Fricken, qui ne la légitima que lorsqu'elle eut dix-huit ans. Ce détail, tenu secret jusqu'alors, dut fortement choquer Schumann et sa mère et contribuer, pour une large part, à la rupture de ce projet de mariage.*

Malgré tout, Mlle de Fricken conserva, pour son ancien fiancé, des sentiments très affectueux; elle échangea des lettres avec lui et Clara, et prit ouvertement leur parti, lors du conflit élevé par le refus de Wieck, lequel tenta d'exploiter — à son propre pro-

---

1. Voir dans le 1ᵉʳ volume, la lettre de Schumann à Clara, datée du 11 février 1838.

fit — les sentiments de rancune qui devaient, croyait-il, sommeiller dans le cœur de la jeune fille à laquelle Schumann avait renoncé. Elle épousa le comte Zedwitz, mais devint veuve peu de temps après et mourut en 1844, à l'âge de vingt-huit ans. Schumann resta aussi en excellents rapports avec M. de Fricken; on trouve des lettres qu'il lui adressa dans le nombre des 4.600 classées et mises de côté par lui-même. En voici une datée de Zwickau, le 28 novembre 1834.

Très honoré Monsieur,

La joie que m'a causée votre excellente lettre aurait été complète, si vous n'aviez pas dû recourir à une autre main — que, cependant, j'honore profondément. — Que n'est-il en mon pouvoir de vous faire oublier vos souffrances pendant quelques instants et, peut-être aussi, d'entraîner votre esprit, au moyen d'une attachante causerie d'art, dans sa patrie d'élection, — celle dont on s'approche plus aisément en s'extériorisant et en laissant loin derrière soi ce qui peut empêcher notre essor[1]. J'avais déjà formé l'agréable projet de vous apporter moi-même l' « Allegro » avant même votre invitation qui a égayé une insupportable journée

1. Mme Voigt écrit que la musique et la poésie étaient, pour M. de Fricken, des éléments de vie.

de novembre. Malheureusement, en même temps que
votre lettre, j'en recevais une de Knorr, qui trouve ma
présence à Lieipzig indispensable en ce qui concerne
le journal musical. Je souhaite apprendre lundi prochain que je peux laisser quelqu'un, chargé de ma
procuration, débrouiller toutes choses, sinon je vous
demanderai l'autorisation de ne venir que plus tard,
peut-être au printemps. En tout cas, d'ici quinze jours,
l' « Allegro » sera entre vos mains, accompagné de
quelques lignes pour mademoiselle votre fille, si j'y
suis autorisé. Dans la précipitation du voyage, j'ai
oublié d'emporter vos compositions. Mes Variations
restent arrêtées au Final. Je voudrais que la marche
funèbre se transformât peu à peu en un fier chant
triomphal, qui lui apporterait un intérêt dramatique,
mais je ne sors pas du mineur, et on s'explique mal
l'intention qui devient trop matérielle. Que l'inspira-
tion favorable approche, et je la saisirai comme un
enfant. J'appellerais cette composition ma meilleure, si
je ne savais qu'on nomme toujours ainsi sa dernière
œuvre. D'ailleurs Rellstab saura la faire bruyamment
connaître; les autres me sont acquis, particulièrement
Seyfried, qui dans le journal viennois m'a loué d'une
telle façon qu'il pourra difficilement en porter la responsabilité devant le jugement de Dieu — le critique
suprême. Schunke est encore en vie.... Et je travaille
déjà à l'article nécrologique que publiera sur lui notre

journal! — N'est-ce pas une chose affreuse! — Mais j'élèverai à sa mémoire un monument aussi beau, aussi grandiose qu'il sera en mon pouvoir de le faire.

Ce que les Voigt ont fait pour lui ne restera pas sans récompense, non parce qu'ils sont seuls, mais surtout à cause de la rapidité avec laquelle ils agissent, et qui montre la valeur de leurs généreux sentiments.

Si les circonstances me permettent un jour de vous raconter en détail les derniers moments de Schunke, je souhaite de tout cœur que vous n'ayez pas besoin de penser à vos propres maux.

Recevez ce souhait favorable pour vous et les vôtres; ma mère se joint à moi dans ce vœu.

Votre dévoué

Robert SCHUMANN.

A M. J. Moschelès, à Londres.

Leipzig, le 26 février 35.

Très honoré Monsieur,

Toutes nos démarches pour avoir des informations artistiques de votre capitale n'ont jamais abouti à un résultat. Partout où nous avons frappé, on nous a beaucoup promis, mais rien n'a été tenu. Et c'est ce qui nous servira d'excuse et nous permettra de nous adresser directement à l'homme que nous savons n'avoir jamais cessé de s'intéresser à tout ce qui touche l'art allemand.

Notre prière instante est que vous veuillez bien avoir l'extrême obligeance de nous donner l'adresse d'un artiste spirituel et connaisseur, Allemand si possible, qui pourrait nous adresser une correspondance régulière sur ce qui, actuellement, se passe d'intéressant au point de vue général de la musique anglaise, —sur les artistes qui vivent là-bas. Nous demandons, non pas de petits faits dénués d'importance, mais des tableaux largement étudiés de la situation musicale en Angleterre.

Nous ignorons évidemment si vous jugerez notre journal digne d'être recommandé par vous; nous croyons cependant ne pas nous trop flatter en pensant que l'esprit général, le ton, l'âme de cette publication pourraient mériter votre approbation.

En tout cas, votre bienveillant appui nous rendrait un grand service que nous n'oublierons pas, même si nous ne pouvions en profiter.

Nous nous entendrions facilement pour les conditions avec le correspondant que vous nous indiqueriez; de prime abord, nous nous permettons de vous faire remarquer que nous pouvons lui offrir des hono-

raires de 20 thalers par page. Et, tout bas, tout bas, si
bas que nous osons à peine espérer de vous faire
entendre notre secret désir, nous vous murmurons
que nous serions trop heureux si, de temps en temps,
nous recevions, pour notre journal, quelque chose —
quoi que ce fut, de quelque nom qu'on voulût le
nommer — peut-être une épreuve de l'Ecole de Piano
si impatiemment attendue — du vénéré Maître auquel
nous adressons ces lignes en lui laissant le soin de
compléter la pensée qui nous a inspirés.

Nous avons annoncé provisoirement, dans notre
n° 18, votre excellent Septuor ; jusqu'à présent, il nous
manque la partition et la faculté de pouvoir le faire
entendre à l'orchestre.

Quand pourrons-nous espérer l'apparition de votre
Ecole de Piano et de votre Concerto fantastique?

Aujourd'hui dans la salle de concert de la Halle
aux Draps une demoiselle Schmiedel, de Dresde, joue
vos « Souvenirs Irlandais. »

Enfin, nous vous demandons encore de nous indiquer où nous pouvons vous envoyer notre journal
qui se réjouit de votre approbation ; notre éditeur a
chaque semaine une occasion pour Londres. Excu-
sez-nous et soyez indulgent pour ces lignes qui nous
ont été dictées par l'intérêt et l'amour que nous portons à l'art.

Je quitte aujourd'hui avec un profond respect celui

dont le regard clair et génial s'est posé sur moi et m'a béni.

Au nom de la rédaction du Journal de musique.

R. Schumann.

*A M. Ernest A. Becker, secrétaire des Finances,
à Dresde.*

Leipzig, 18-1-36.

Cher et honoré Monsieur,

. . . .

Voici la chose : il circule dans l'air des bavardages de famille sur Clara et sur moi.

Dans les derniers temps du séjour de Wieck, j'ai évité, à cause de cela, d'aller chez lui ; de sorte que je n'ai pu apercevoir Clara, et que j'en ai été malade. Dans ces conditions, je me vois forcé de recourir à vous et de vous demander votre appui. Ayez donc la grande obligeance de remettre entre les mains de Clara la lettre ci-incluse, sans en parler ni à son père, ni même à votre femme (si j'ose vous adresser une semblable demande). Si vous redoutez une responsabilité quelconque, renvoyez-moi la lettre telle qu'elle est. Evidemment, cela me ferait une grosse peine, mais je m'en rapporte entièrement à vous.

A M. Schüler, chanteur de la chapelle,
à Rudolstadt.

14-9-1835.

Très estimable Monsieur,

Revenu seulement depuis peu de jours d'un long voyage, je me remets à ma tâche en vous priant de m'excuser.

Je suis très au regret, après les divers témoignages de sympathie que vous adressez à ma personne et à mon œuvre, de devoir répondre négativement à votre première demande, mais je crois, en le faisant, agir dans votre propre intérêt. L'expérience démontre que l'*anticritique* d'une *anticritique* n'a jamais donné de bons résultats. Vous vous montrez, par votre réponse, plus méchant que vous n'êtes, et l'infortunée rédaction reste inerte, à écouter la discussion. Ne faites pas cela, la chose est trop vieille, et depuis longtemps oubliée par le public. De plus, à franchement parler, je ne trouve pas votre article complètement juste dans le fond. Toutefois, si vous désirez l'envoyer à notre journal, que ce soit alors pour l'imprimer dans nos prochaines *Petites affiches;* seulement, c'est la propriété de Barth, et vous vous ferez des frais d'insertion. Je ne vous crois pas disposé à prendre ce parti.

— Je me suis toujours réjoui en lisant vos lettres, principalement celle qui explique la profonde signification de la phrase du Concerto. Si je ne vous réponds pas chaque fois avec exactitude, vous voudrez bien m'excuser, en vous rappelant que je ne suis pas simplement un rédacteur qui désirerait s'attacher un collaborateur de votre compétence, mais encore un commerçant très affairé.

Ayez la bonté de nous envoyer votre nouvelle et tout ce que vous pourrez nous donner, en prenant soin toutefois d'écourter dans la première tout ce qui y paraît inutile.

Dans cinq ou six semaines, il y aura une place qui lui sera réservée.

Terminez-vous bientôt votre Concerto? Et où en est l'Opéra?

Répondez-moi sans tarder, non pas sur le désagréable mode de do dièze majeur, mais dans le doux ton de ré bémol majeur. De même, dans la vie, beaucoup de choses peuvent se transformer par l'enharmonie.

Ne prenez rien en mauvaise part.

Votre dévoué

SCHUMANN.

A J. Moschelès, à Londres,

Leipzig, 8 mars 1836.

Très honoré Monsieur et cher Maître,

Je voudrais pouvoir, comme remercîments de vos nombreuses attentions, vous offrir autre chose qu'une lettre tracée en caractères énigmatiques. Déchiffrez-y seulement que je me rappelle avec un grand plaisir certaines journées du mois d'octobre pendant lesquelles j'ai pu vous voir et m'entretenir avec vous. En souvenir de ces heureux jours, j'ai écrit une nouvelle sonate (en fa majeur) que je désire beaucoup vous dédier. Si vous m'y autorisez, le but principal de ces lignes sera atteint. J'espère qu'un mot de vous me tranquillisera sur les autres choses que je désire savoir.

Je me délecte tous les jours avec votre Concerto fantastique, également avec le duo de Händel qui produit une impression si rapide, quoique si durable. L'ouverture de Jeanne d'Arc, d'abord voilée par quelques nuages, se dégage bientôt et s'élargit peu à peu avec un éclat de plus en plus admirable. Vous en trouverez une appréciation plus développée dans le journal ; mais je ne dois pas trahir le nom de l'auteur.

Ceci m'amène à une communication désagréable : le commissionnaire de Black, Chanay, etc., ne veut plus se charger de nos envois à Londres, et je crains que vous n'ayiez pas reçu les numéros du journal depuis le commencement de l'année. Ne pourrai-je peut-être pas vous envoyer régulièrement par Embden, à Hambourg, trois exemplaires que vous distribueriez selon votre désir. — Je ne connais aucun moyen de pénétrer directement à Edimbourg. J'ai encore chez moi, pour M. Thomson, deux livrets d'opéras qu'il voudrait bien recevoir. Un avis de vous, qui m'indiquerait de quelle façon je puis les lui expédier, serait reçu par moi avec reconnaissance.

Je considère comme une marque spéciale de votre bienveillance de nous avoir procuré M. Hogarth comme nouveau correspondant.

La rubrique « Londres » nous manque depuis trois mois complètement, et il me serait agréable de combler au plus vite cette lacune. S'il faut pour cela une invitation spéciale, je l'expédierai immédiatement. Je réclame votre indulgence pour mes nombreuses demandes et prières. — J'ai écrit à M. Thomson à la fin du mois de janvier, mais je suis encore sans réponse ; peut-être ma lettre ne l'a-t-elle plus atteint à Londres.

Clara Wieck fait un grand voyage artistique. — Ma Sonate (la première) n'est pas encore terminée. — Les éditeurs ne veulent pas entendre parler de moi. J'ai cependant bon espoir en Haslinger.

Mendelssohn vous envoie ses compliments cordiaux. — Il a terminé son Oratorio (Paulus), et il le dirigera lui-même pour les solennités musicales de Düsseldorf. Peut-être m'y rendrai-je aussi, peut-être même Chopin, auquel nous écrivons à ce sujet, nous accompagnera-t-il.

Oserai-je vous prier de nous faire savoir s'il n'y a pas, du 20 mai au 1er juin, un bateau partant de Londres pour le Rhin sur lequel pourrait prendre place le maître que nous vénérons tous?

Avec le plus profond respect, je suis

Votre dévoué

R. Schumann.

A Thérèse Schumann.

Leipzig, 15 avril 1836.

Ma très chère Thérèse,

Moi aussi, j'ai tellement pensé à toi pendant la semaine qui vient de s'écouler que souvent j'ai cru te toucher de la main. En songeant à l'affection que tu as pour moi, je ne peux te dire à quel point je me sens sûr de moi, protégé, heureux! Cela vient de ce

que tu as un cœur robuste qui t'a appris à supporter,
à consoler et à encourager. Si je partais d'ici, ce ne
serait qu'en ayant l'assurance de trouver les plus
agréables perspectives. Edouard n'a pu que plaisanter
en parlant de Vienne; ce sont des projets faits en
rêve! En tout cas, rien ne se décidera avant Noël.
Réfléchis à ce que je laisserais. Abandonner ma patrie
— puisse mon cœur n'être jamais assez refroidi pour
que cela me laisse indifférent! — quitter mes parents,
et toi, que je peux en deux heures rejoindre et entretenir — et enfin Leipzig où tout fleurit avec élan; et Clara,
et Mendelssohn qui revient l'hiver prochain, sans
compter mille autres choses que je devrais également
quitter! S'il doit y avoir un changement dans mon
avenir, je n'en pourrais fixer l'époque, mais je ne le
ferais pas à la légère et sans garantie; car je ne suppor-
terais pas de devoir revenir sur mes pas. Donc, nous
serons réunis encore au moins pendant une année que
nous passerons agréablement et tâcherons d'employer
utilement pour nous. Cet été, je viendrai passer une
ou deux semaines auprès de toi, — après que tu seras
venue me voir — cela va de soi. Il faudra bien combi-
ner tout cela.

Ecoute, je voudrais bien aller, avec Mendelssohn, à
Düsseldorf pour la fête musicale; dans ce cas, je par-
tirai d'ici vers le 20 mai. S'il survenait des empêche-
ments ou si j'en prévoyais, j'accompagnerais, en tout

cas, Mendelssohn jusqu'à Francfort; cela d'ici à trois ou quatre semaines. Il me faut savoir d'abord quand tu comptes venir, ce qui dépend absolument de ta volonté, car Edouard doit accepter; il n'y a donc pas à hésiter. Du 4 au 18 mai, je suis certain, de toutes façons, d'être à Leipzig, ainsi, arrange-toi pour être libre à cette époque-là.

Tu m'adresserais des éloges si tu connaissais à fond ma vie actuelle : comme je tombe toujours dans l'exagération, du plus enragé fumeur et buveur de bière que je fus, je suis devenu un des plus modérés : un maximum de quatre cigares par jour, et, quant à la bière, il y a deux mois que je n'en ai bu une chope.

Tout cela d'ailleurs me réussit, et je me porte d'une façon très rationnelle. Donc, ne me fais pas de compliments, car ce régime me convient à merveille. Je contemple Mendelssohn comme une cime élevée vers laquelle j'aspire. C'est un véritable Dieu; il faut que tu le connaisses. En dehors de lui, je m'entends très bien avec David (le directeur des concerts), avec un Dr Schlemmer qui accompagne le jeune de Rothschild, et avec ce dernier. Ils seront encore tous trois à Leipzig quand tu viendras. Le docteur sera tout à fait à ton goût — un homme du monde, des pieds à la tête. — Le Dr Reuter et Ulex sont naturellement mes vieux compagnons. — De Wieck et de Clara, nous nous entretiendrons verbalement : je me trouve, sous ce rapport, dans une passe critique qui demande, pour être élucidée, un repos et un jugement rassis qui me font encore défaut à cette heure. La situation est telle que, — ou je ne pourrai plus jamais lui adresser la parole, ou elle sera complètement à moi. — Tu sauras tout quand tu viendras ici, et tu agiras pour le mieux.

Merci de tout ce que tu fais pour moi, —tu es assurée d'avance de mon assentiment. Pour les chemises, je désire qu'elles aient de fines manchettes; je ne puis te tenir au courant de l'état exact de mon linge; il faut qu'une femme voie cela de ses propres yeux qui n'hésitent pas, comme ceux de nous autres hommes, entre ce qui est tout à fait ou à moitié déchiré.

Donc, arrive au plus vite, et sois pour moi une excellente sœur. Je suis complètement dénué d'appui féminin; cette pensée m'abattrait, si, pour moi, tu ne remplaçais tout.

Edouard rencontre de redoutables concurrents. Inspire-lui du courage! Ah! fais-le, fais-le. Ecris-moi bientôt, ma Thérèse chérie; j'embrasse ton front et tes yeux.

Ton
ROBERT.

A madame Devrient.

(Probablement fin juin.)

Votre main me fait tomber des nuages! Mais il m'est

vraiment impossible de rester après ce que vous m'avez
écrit, et le mieux sera de m'en aller au plus vite.

Cela me fait une peine profonde, car (vous ne vous
en doutez même pas), j'éprouve pour vous un sincère
attachement. La tristesse des temps, et l'aggravation
de maux dont je n'ose parler à personne, m'a rendu
méchant, — vous avez parfaitement raison. Ne me
jugez pas trop mal et dispensez-moi de vous en dire
davantage aujourd'hui.

Note de la traductrice. — *Mme Devrient était
propriétaire de la maison où habitait Schumann qui,
l'esprit troublé par la dureté avec laquelle le traitait
le père de Clara, épanchait son chagrin sur son piano,
dans des improvisations nocturnes. Les locataires se
plaignirent à Mme Devrient de ne plus pouvoir, par
le fait de leur bruyant voisin, dormir en paix. Elle
dut écrire à Schumann la lettre à laquelle répond ce
billet. (Il ne fut du reste pas obligé de changer d'ap-
partement.)*

A A. de Zuccalmaglio.

Leipzig, 2 juillet 1836.

Très honoré Monsieur,

Cherchez la cause de mon long et très ingrat silence

dans un profond chagrin de cœur, dont le travail lui-même ne pouvait me distraire. Enfin, la musique, les occupations sans nombre, l'effort puissant de la jeunesse, les émanations de la verdure et des bois m'ont fait reprendre force et courage. Que mes premières lignes soient pour vous! Comme un enfant devant l'arbre de Noël, je suis debout, ainsi que la dernière fois, devant vos présents que je retourne l'un après l'autre avec de grandes précautions.

Mendelssohn a lu avec moi votre dernière lettre qui nous a mis le cœur en joie. Il ne se sent pas entraîné vers le quatuor pour voix d'hommes, et ne croit pas pouvoir en tirer parti : je partage à peu près son avis. Il enverra pourtant quelque chose cet hiver. Je n'ai pas pu aller jusqu'au Rhin, votre patrie, à ce que je crois; le chagrin m'avait trop bouleversé. En ce moment, j'ai beaucoup de choses sur le chantier, et j'aimerais que l'une d'elles portât votre nom, c'est-à-dire qu'elle fût spécialement faite par moi à votre intention. Ma musique devra souvent — d'après tout ce que je connais de votre manière de sentir — ne pas vous plaire; car il est difficile de cacher quelque chose à des yeux aussi profondément observateurs et exigeants que les vôtres. Il me semble souvent que nous n'en sommes qu'au début, et que nous pourrions encore tirer de notre cerveau quelque chose d'inconnu jusqu'ici... espérons que l'avenir nous donnera raison et que le génie nous donnera la faculté de réussir.

Pour aujourd'hui, adieu. Envoyez-moi tout ce que vous avez de prêt, de véritables perles....

Votre dévoué

Robert SCHUMANN.

A Thérèse Schumann.

Leipzig, 15 novembre 1836.

Ma chère Thérèse,

Que de fois je te vois assise solitaire dans l'embrasure de ta fenêtre, la tête appuyée sur ton bras, fredonnant intérieurement une douce chanson et te demandant peut-être si un certain Robert est digne de la grande tendresse dont on le comble. Ce sont des raisons sérieuses qui m'ont empêché soit de venir, soit d'écrire. D'abord, — Chopin, Lipinski, Mendelssohn, la Karl, Louis Berger sont arrivés les uns après les autres. Je te fais grâce du reste. Si tu étais ici, comme je te mettrais au courant de tout et comme tu apprendrais à connaître et à estimer des hommes autrement intéressants que ceux que tu coudoies à Zwickau! Il y a encore ici maintenant un jeune « Stamaty, » qui semble arriver à moi comme transporté par les nuages : c'est un beau, excellent, distingué et foncièrement bon jeune homme, né à Rome de parents grecs, élevé à Paris, et qui finit son éducation musicale auprès de Mendelssohn. Il te plairait beaucoup. Nous avions formé le projet de nous rendre ensemble à la fête musicale de Zwickau ; mais nous n'avons pu le réaliser. Tu le verras ici à la foire, peut-être même viendrons-nous auparavant chez toi. Il n'est pas encore très ferré sur l'allemand et me fait faire d'autant plus de progrès en français. Nous avons encore, dans notre cercle quotidien, un jeune Anglais, William Bennet. C'est un jeune homme tout à fait charmant, une véritable nature d'artiste douée d'une belle âme poétique. Peut-être te l'amènerai-je aussi. Mendelssohn a une fiancée, dont il est tout à fait épris, quoique je ne la trouve pas complètement à sa hauteur : il ne se passe pas de jours que ce grand jeune homme n'émette quelque pensée digne d'être enchâssée comme un bijou précieux. Sa fiancée s'appelle Cécile Jeaurenand, elle est fille d'un pasteur protestant et cousine du Dr Schlemmer. A Noël, il ira la voir à Francfort. Il veut m'emmener, et peutêtre le suivrai-je. Le Dr Schlemmer, imagine-toi, a été enfin décoré d'un ordre !... Cela lui va fort bien, il y a longtemps que j'avais prédit qu'il ne mourrait pas sans décoration. Il est à Heidelberg avec Rothschild.

David se marie cette semaine, et reste directeur de

concert malgré les 100.000 thalers que sa femme lui apporte. En dehors de tous ces amis, nous avons encore à notre table de déjeuner un jeune homme très riche et rempli de talent, Frank, de Breslau, et le jeune Gœthe — petit-fils du grand — dont le caractère ne montre jusqu'ici rien de particulièrement saillant.

Tu as maintenant un tableau fidèle de notre vie extérieure. J'ai passé nombre de bonnes heures avec Lipinski; il m'aime, à ce que je crois, comme son fils. Il a aussi une jolie fille de 16 ans, une Polonaise comme tu te plais à te les représenter; ainsi va le cours des choses. Mlle Karl, qui est encore ici, n'a pas grande valeur comme artiste, et la publicité qu'on fait autour de son nom est insupportable : mais, en dehors de cela, elle me plaît; elle ne fait pas beaucoup de compliments, parle franchement, se rend très bien compte de ce qui lui fait défaut et a gardé des manières surannées de prima donna qui ne lui siéent d'ailleurs pas mal. . . . .

. . . .

. . . .

Enfin, ma chère Thérèse, je te prie de me garder ta tendresse; je pense journellement à toi avec joie et souvent avec émotion. Il me semble alors m'appuyer sur toi et sentir battre ton cœur.

Celui qui t'aime profondément,

ROBERT.

A *Thérèse Schumann.*

31 décembre 1836.

Ah! comme je mérite ta tendresse pour moi, ma Thérèse. — J'ai sauté de joie comme un enfant devant l'arbre de Noël en prenant chaque objet l'un après l'autre pour l'admirer; et maintenant voici ta chaîne de cheveux! Comme tu es bonne, et comme je suis négligent! Croiras-tu que réellement, je ne me suis pas trouvé assez pur pour t'écrire et te remercier? Toute la journée je suis resté attaché à ma table de travail, car j'avais mille choses à faire, dont quelques-unes très prosaïques du reste. Et puis enfin, j'ai pris la résolution de t'écrire pour que mon souvenir t'arrive juste le premier de l'an. Celui-là est bien pour toi, puisse-t-il résonner à tes oreilles comme celui d'un frère ou d'un amoureux. Qu'apportera cette année? Souvent, j'y pense avec crainte. Rester debout, dominant le temps et les apparitions, peiner pour lutter, pour rester indépendant; sans parler de cent autres tourments !... cela suffit à me donner le vertige.

D'autre part, je suis entouré de tant de témoignages d'affection, que je ne peux pas penser à les méconnaître. J'éprouve ces sentiments pour toi! Ah! reste bonne pour moi. Dans l'angoisse mortelle qui m'étreint parfois, personne que toi ne m'offre ses bras comme un refuge protecteur.

Sois heureuse.

Ton

ROBERT.

A Fr. Wieck.

Leipzig, 15 août 1837.

Très honoré M. Wieck,

Permettez-moi de vous adresser mes meilleurs remercîments pour la façon dont vous avez mis en valeur mes compositions dans le concert de dimanche dernier. L'exécution fut si remarquable que je ne peux pas garder le silence. Dans les œuvres de Liszt, notamment, elle l'emporta même sur la composition, il en est de même pour Henselt, en un mot tout fut parfait. Henselt est une belle âme, comme c'est rare ! Comment ne le connais-je pas encore ?

Recevez mes meilleurs souhaits pour votre bonheur[1].

Robert SCHUMANN.

---

1. Lettre écrite sur la demande de Clara.

A Adolphe Henselt, à Berlin.

Leipzig, 17 août 1837.

Très honoré Monsieur,

Peut-être nous sommes-nous déjà rencontrés une fois en cette vie, mais en étrangers, sans nous connaître, sans même nous saluer.... Et cela est d'autant plus triste que vous aviez, d'un ami commun : Kräger, à Dresde, une lettre d'introduction auprès de moi. Vous devez connaître mon nom, mais il est possible que ma chaleureuse admiration pour vos œuvres, ne soit pas parvenue jusqu'à vous, car c'est surtout depuis quelques jours que j'ai appris à les connaître de plus près. Comme il m'arrive souvent de dépasser les limites de l'enthousiasme, lorsque je me trouve pour la première fois en présence d'un talent nouveau, je ne vous dirai rien de plus aujourd'hui, mais par contre je vous adresserai une prière.

L'éditeur de mon Journal voudrait lui joindre, quatre fois par an, un cahier de compositions. Cela fait naître en moi de beaux projets, et pour la première livraison, je voudrais publier quatre études de Moschelès, de Chopin, de Clara Wieck et de vous ! Je suis à peu près certain du consentement des trois premiers; acceptez donc de même, et autorisez-moi à prendre dans les cahiers de Becker une de vos études et de compléter ainsi le recueil en question. J'avoue que je choisirais volontiers l'andante en si majeur joint à l'étude qui le suit, et je serais très heureux d'obtenir votre consentement. Cela ne nous empêchera pas d'introduire plus tard ces deux morceaux dans votre grand recueil d'études. Veuillez donc écrire un mot, soit à Krägen qui me le communiquera, soit à moi-même.

Quel plaisir je prendrais à me trouver en tête à tête avec vous! Depuis des années, aucune œuvre musicale ne m'a pénétré aussi profondément que ce que je viens d'entendre; il me semble que je vois votre âme à nu devant moi. Mais je sens que je suis près de dépasser les bornes: donc, contentez-vous, cher Monsieur, de ne recevoir que l'assurance de ma profonde considération et, si vous le permettez, de ma sincère amitié.

Votre dévoué

R. Schumann.

A Adolphe Henselt, à Berlin.

Leipzig, 31 août 1837.

Mon cher Monsieur,

Votre lettre m'a fait le plus grand plaisir, je voudrais que la mienne vous en fît autant. — D'abord, mon meilleur remercîment pour avoir si rapidement accueilli ma demande. Joindre l'étude en si majeur ne me paraît pas favorable, parce que Schlésinger le prendrait en mauvaise part ; je pense donc à celle en mi bémol mineur que Clara a jouée dernièrement à son concert, mais elle n'est pas à la portée de tout le monde. Je vais y réfléchir. Ce qui me plairait le plus serait de recevoir de vous, aussitôt que possible, une étude, ou un morceau plus petit qui n'ait pas encore paru d'ici au jour de l'an. Je ne puis me faire à votre idée de changer la forme de l'étude en si ; ces deux morceaux perdent à être à côté l'un de l'autre, et l'étude prend l'aspect d'une Variation. — Tenez-vous-en à la dénomination « Andante et Etude » ou, si vous voulez une appellation plus archaïque : « Prélude avec Etude, » ou bien tout ce que vous préférerez. Le titre : « Romance, » ne me dit rien qui vaille ! (Parcourez donc les compositions de Bennett ; vous y trouverez des choses qui vous parleront au cœur.)

Je vous écris comme à un vieil ami. J'ai été tellement en rapport avec vous, dans les derniers temps, par Wieck et Becker, qu'il me semblait souvent serrer votre main. Venez, je vous en prie, venez, cela vous fera du bien. Vous trouverez ici une impulsion, et des amis et des artistes qui sauront vous apprécier. Est-il vrai que vous devez vous rendre à

Pétersbourg? — Auparavant, écrivez-moi encore une
fois.

Votre
                              SCHUMANN.

A miss Laidlaw.

Leipzig, 8 sept. 37.

Très honorée Demoiselle.

Avant tout, mes plus chaleureux remercîments à
monsieur votre père de ma part et de celle de tous
nos amis d'ici, pour les cigares. De ma vie, je vous le
jure, je n'ai rien fumé d'aussi parfait; comme un dieu
se reposant sur les nuages sacrés, je m'assieds souvent pour me murmurer à moi-même : « Non, c'est
trop bon! » Me voyez-vous d'ici? A l'instant, je reçois
aussi votre portrait, et le dessin représentant des fleurs.
Dans un temps où les hommes font tant de promesses
(qu'ils s'empressent, d'ailleurs, de ne pas tenir), votre
attention a pour moi quelque chose de réconfortant;
je vous remercie du fond du cœur pour tout, et je
resterai toujours votre débiteur. A part cela, je dois
à la vérité de dire que le portrait est complètement
manqué; je cherche en vain quelque chose de ce
regard que je connais si bien, et aussi votre corsage
de velours bleu. En réalité, je vous trouve autrement

belle que cette lithographie. J'attends avec impatience de vos nouvelles. Que jouez-vous? Que projetez-vous pour l'avenir? Est-ce que Leipzig reste en dehors de vos combinaisons? Et ne reviendrez-vous pas bientôt auprès de nous?

Dites-moi au plus vite un mot de tout cela, et je vous en prie, que cela soit en anglais. Mes souvenirs à vos parents. En ce moment, je vois les yeux de Mme Laidlaw qui me regardent.

Votre dévoué

Robert SCHUMANN.

A Adolphe Henselt, à Salzbrunn.

Leipzig, 21 septembre 1837.

Pardonnez-moi mon long silence, mon cher ami. Ces derniers jours ont été cruels pour moi ; plus tard, je vous entretiendrai longuement à ce sujet.

Je n'ai pu faire que peu de chose pour vous, car Hofmeister est allé jusqu'à Prague pour chercher les beautés de la nature. Les études (op. 2) sont sous presse ; dans quatre jours je dois recevoir une épreuve — mais vous courez de grands risques en indiquant le mouvement au métronome ; je connais ici des compositeurs qui, à ce sujet, diffèrent d'opinions. Après tout, cela n'a pas d'importance, et je ferai ce que vous voudrez. Je pense comme vous au sujet de la pédale. Moi aussi, je ne mets jamais au commencement de mes compositions que le mot Ped.

Il faudrait une nouvelle indication pour que l'appui de la pédale pût tomber au moment précis. Pour ce qui est des appellations musicales, j'ai une demande à formuler. Ne pourrions-nous pas donner ces indications en allemand? Je vous enverrai bientôt des « *Phantasiestücke.* » Vous pourrez voir que cela fait très bon effet : au lieu d'Allegro, je mets *Rasch* (rapide) ou *Feurig* (avec feu), etc., etc.

Tranquillisez-vous au sujet de R. R. Dans le fond, c'est un âne qui croit tout pouvoir se permettre et qui parle à tort et à travers ; au demeurant, un brave homme, mais peu intéressant.

Clara joue l'étude de la façon la plus remarquable, c'est-à-dire en y intercalant la mélodie des flots de la mer. Vous avez raison de ne pas vouloir la laisser jouer autrement.

Les Variations en mi n'ont pas encore paru. Clara les jouera d'une façon extraordinaire.

Je ne vais plus chez Wieck, comme vous le savez peut-être.

Je ne connais pas encore l'étude en ré mineur (op. 2, n° 1). Je vous en parlerai en détail dès que j'aurai une épreuve entre les mains.

Enfin, et c'est par là que j'aurais dû commencer,

recevez mon meilleur remercîment pour les trois morceaux : Ernest Becker m'en avait déjà fait connaître deux. Celui en fa mineur est mon préféré, comme vous pouvez le penser ; Becker le joue précédé d'un prélude en sol bémol majeur (6/8). Ce serait très bien si seulement la fin pouvait passer en fa mineur. Le titre d'Allegro appassionato lui convient bien ; en allemand, je lui chercherai un autre nom plus explicite.

A propos, avant de vous connaître, j'avais écrit certains cahiers sur des sujets quelconques, ainsi que vous le verrez dans mon *Carnaval*, *Fantaisies*, etc.

Vous trouverez des pièces intitulées : *Perdu dans le rêve*, *En pleine nuit*, *Pourquoi ?* et beaucoup d'autres dont plusieurs vous plairont. *Le Carnaval* aura moins de succès auprès de vous.

Je viens d'écrire dix-huit airs de danse pour les Compagnons de David ; tout cela, en plus de ma vie si tourmentée ! Que cela serve d'excuse à ce gribouillage !

Je ne puis penser à rien, à force de soucis ; même pas au piano, même pas à vous qui m'êtes si cher et si précieux.

On dit ici que vous êtes marié ?... Je vous souhaite tout le bonheur que vous méritez.

Vivez heureux ; pour moi, je succombe sous le faix du bonheur et de la souffrance.

Votre

R. SCHUMANN.

Au professeur de musique Charles Montag,
à Weimar.

Leipzig, 20 octobre 37.

Un remercîment de cœur pour votre communication, malgré la tristesse du fait qui lui a donné naissance[1]. Ne voudriez-vous pas écrire sur Hummel un article, — long ou court à votre guise? Vous pouvez tout connaître de première main sur sa vie, puisque vous l'avez vu de près et que, souvent, vous avez causé avec lui. Faites-moi savoir au plus tôt si vous voulez entreprendre vous-même cette tâche ou, tout au moins, si vous pouvez nous recommander un bon biographe à Weimar. Ma curiosité est très excitée par les autres articles auxquels vous faites allusion... envoyez-moi ce que vous avez.... Rappelez aussi à Lobe sa promesse, et saluez-le de ma part, il me manque justement en ce moment de bons manuscrits.

Quelques-unes des œuvres que j'ai composées durant ce remarquable été vous plairont, ce sont deux cahiers de « Fantaisies » et deux cahiers de Danses : danses des morts, danses des Grâces et Kobolds (danses de Compagnons de David), etc., etc. — Qui

1. La mort de Hummel.

croit on devoir succéder à Hummel? Mendelssohn
accepterait volontiers, s'il n'était lié ici, Eberwein?
Chelard? — Je viens de recevoir, à l'instant, les nouvelles Etudes de Chopin (op. 25), mais elles sont
composées depuis longtemps. Il est triste que depuis
sept ans qu'il est à Paris, il n'ait presque rien fait.

N'oubliez pas Bach, et écrivez-moi si je peux vous
être agréable à quelque chose.

Avec le plus affectueux attachement,

R. SCHUMMAN.

A Joseph Fischof, à Vienne.

Leipzig, 4 décembre 37.

D'abord un salut cordial, après mon long silence,
puis un remerciement pour la bienveillance que vous
m'avez si souvent témoignée. Votre protégé (le violoncelliste Sack) est bien accueilli par le public — notamment par les dames — malgré la valse du Désir de
Merken (en ré majeur). Merci aussi pour les notices.
Continuez à en envoyer le plus possible. Celle sur la
rancune des compositeurs viennois ne me surprend
pas — je le regrette, mais c'est tout ce que je peux faire.
La critique musicale a tellement baissé du fait de la
presse quotidienne, qu'on n'est plus guère habitué à
entendre la vérité. Si vous saviez avec quelle répu-

gnance je prends connaissance de ces misérables écrits, vous auriez pitié de moi. D'ordinaire, après ce casse-tête, je me plonge dans la lecture de mon vieux Bach. Il encourage à reprendre le travail, et il redonne du goût pour les beautés artistiques de la vie.

Je ne vous ai pas non plus remercié pour votre portrait : on voit qu'il doit être ressemblant. Donnez-moi un conseil : on a voulu me lithographier ici, et moi-même je voudrais offrir mon portrait en souvenir à un certain nombre de personnes que j'aime, — mais ce qu'on fait ici est très mauvais. — Pouvez-vous me dire ce qu'une très bonne lithographie coûterait à Vienne? J'y enverrais un dessin. Je vous en prie, donnez-moi ce renseignement.

Et maintenant, une dernière prière. — Clara Wieck doit déjà être parmi vous. — Vous la verrez, vous l'admirerez et vous l'aimerez.

Voulez-vous me faire savoir par la poste, aussi vite que possible, si on la considère à Vienne comme une romantique? comment elle et ses concerts sont accueillis, et cela, dites-le-moi d'une façon véridique et impartiale. Certainement elle vous jouera de mes compositions; vous les entendrez ainsi à leur source.

La critique de la musique vocale ne fait pas partie de mon département; mais vos morceaux seront chaudement recommandés à mes collaborateurs. Comment savez-vous que Liszt doit venir à Vienne? S'il y vient,

prévenez-m'en ; j'ai quelque chose à lui écrire et aussi
à le remercier pour une très élogieuse critique de mes
compositions qui a paru dans la « Gazette. »

Et maintenant, chargez-moi de beaucoup de com-
missions et soyez très exigeant, je ferai ponctuellement
ce que vous me demanderez. Rappelez-moi au souvenir de M. O. Nicolaï. Il paraît qu'il est très capable ;
mais malgré cela, Wedel a raison aussi.

En amitié et en affection, votre

R. SCHUMANN.

Saluez Lipinski avant tout, et dites-lui que j'aurais
voulu lui dédier mon Carnaval, mais, naturellement,
je ne voulais pas d'abord écrire et l'envoyer à Odessa.
Ici l'on fait toujours de la belle musique. — Pour une
fois, rendez-vous libre, et arrivez.

J'adresserai vos salutations à Mendelssohn aujour-
d'hui même ; il joue son *Caprice* en si mineur.

R. SCHUMANN.

A J. Fischof.

Leipzig, 14 janvier 1838.

Mon honoré ami,

Quatre semaines se sont écoulées entre vos affec-

tueuses pages et celles-ci. Ne m'en veuillez pas, et surtout ne me considérez pas comme un égoïste de ne pas vous avoir remercié plus tôt, une fois en possession de ce que je désirais. Mais, assez discouru. Sur Clara Wieck, les journaux ont raconté ce que vous m'avez dit, et ce que je pressentais. Il me manque encore des nouvelles du 3ᵉ concert (celui du 7). Peut-être — et si vous m'êtes attaché, *sûrement* — vous m'en parlerez, et aussi de tout ce qui s'est passé depuis lors.

Bien des fois je vous ai écrit combien je suis peiné de n'avoir pas, dans une ville comme Vienne, un correspondant régulier et sûr, mais vous ne paraissez pas vouloir me comprendre. Dites-moi donc une bonne fois franchement ce que vous pensez. Peut-être pourriez-vous me donner vous-même rapidement des nouvelles intéressantes sur ce qui paraît de nouveau à Vienne (opéras, talents naissants, exécutions extraordinaires, etc.), ou bien, connaîtrez-vous un autre artiste ou poète qui ne serait pas hostile à l'idée de remplir ce rôle.

Mendelssohn est malade; je ne l'ai pas vu depuis quelque temps. Vous aurez suffisamment entendu parler de Henselt dans les journaux, il déverse de la musique comme un robinet répand de l'eau.

Parlez-moi beaucoup de Clara ; cela me tient au cœur. Vous recevrez au plus tôt les *Danses des Compagnons de David* ; acceptez-les comme un petit souvenir. J'espère avoir bientôt de vos nouvelles. Donnez-moi une minute de votre temps, et restez l'ami de votre

R. SCHUMANN.

A Simonin de Sire, à Dinant (Belgique).

Leipzig, 8 février 1838.

Monsieur,

La première chose que je fis après avoir reçu votre lettre fut de chercher sur la carte si votre résidence n'était pas trop éloignée de la Saxe, pour que je puisse aller moi-même vous porter mes remerciements pour tant de bienveillance. Si je ne puis, — retenu par la rédaction de mon journal — distraire le temps nécessaire à la satisfaction de ce désir, j'ai cependant assez de loisirs pour pouvoir lier conversation avec un ami de l'art tel que vous vous montrez à chaque ligne de votre lettre. Je n'y manquerai pas. Placé au centre du mouvement artistique, je pourrai vous informer de bien des faits qui ne vous seraient parvenus que plus tardivement, et même de quelques-uns que vous auriez pu, par hasard, ignorer complètement. En un mot, je serai pour vous un fidèle Mercure du Paradis musical. Vous serez au courant, de la façon la plus rapide et la plus détaillée, par notre nouveau journal, dont les critiques nobles et justes se réjouiront d'être applaudies par vous. Vous pouvez croire que tout ce qui concerne le piano y est traité avec amour.... Dois-je m'excuser de vous écrire en allemand? C'est que mon vocabulaire français n'est pas très étendu, et que, pour Beethoven, il me faut parler ma langue maternelle. Ne me retirez pas votre estime pour cela.

Au sujet de mes compositions, je suis profondément touché de votre sympathie. Réjouissons-nous en silence d'avoir découvert un véritable amateur d'art, ce qui est aussi rare qu'un véritable artiste. Et pourtant, je me rends compte que mon chemin est assez solitaire; je n'y rencontre pas les hourras de la foule qui excitent l'ardeur au travail. Seuls, dans le lointain, mes deux grands modèles, Bach et Beethoven, m'adressent des paroles encourageantes. A part ceux-là, peu de gens me comprennent, mais il en est trois dont l'affection me dédommage de tout; ce sont : Liszt, Clara Wieck et maintenant vous-même.

Dans plusieurs de mes compositions, vous rencontrerez certainement des sonorités d'un art plus élevé que dans les petits morceaux qui vous sont connus, notamment dans les deux sonates signées du nom de Florestan et Eusèbe, les deux cahiers de « Phantasiestücke » et le « Concerto sans orchestre. »

Il se passe des choses parfois bizarres dans le cœur

de l'homme, et la joie et la douleur s'y croisent dans une étrange bigarrure. J'éprouve encore beaucoup de sensations diverses ; il m'arrive souvent de me dire que la musique, en tant que langage de l'âme, n'en est encore qu'à ses débuts. Puisse le génie bienfaisant qui doit les coordonner descendre enfin sur ces pensées confuses, et animer d'une vie florissante et forte l'élu qui balbutie peut-être encore dans son berceau !

J'ai envoyé à MM. Breitkopf et H. une nomenclature de mes œuvres complètes. — Ils s'occuperont de tout cela pour vous. Vous me citez quelques-uns des auteurs de votre bibliothèque, je n'y vois pas figurer, entre autres, Franz Schubert, Mendelssohn, Bennet, Adolphe Henselt et Clara Wieck. Faut-il que je vous indique leurs œuvres les plus importantes ? Dans celles des trois premiers, il y a certainement plus pour les musiciens que pour les pianistes ; dans celles des deux derniers, vous trouverez l'art du pianiste poussé jusqu'à ses plus minutieux détails, comme chez Chopin et Liszt. Je suis tout à fait intéressé par votre découverte ; moi aussi, j'ai pensé, à peu près comme vous, car aucune de nos écoles de piano ne me satisfait. N'oubliez pas de m'écrire à ce sujet, peut-être aussi de m'envoyer quelques notes sur la vie musicale dans votre pays, dont nous ne savons que très peu de choses.

J'aurais encore énormément à vous écrire, très

honoré Monsieur, mais je veux aujourd'hui terminer ces simples mots par un sincère hommage qui vient d'un cœur d'artiste qui espère se trouver en bon accord avec le vôtre !

Robert SCHUMANN.

A. J. Fischof.

Leipzig, 3 avril 1838.

Cher Monsieur et ami,

Je crois vous avoir déjà écrit que ce n'est pas l'oubli qui cause mon silence envers mes amis, mais que je dois ménager mon temps pour réserver quelques heures à la composition.

Accordez-moi donc d'avance toute votre indulgence pour l'avenir, et continuez à m'écrire des lettres aussi affectueuses et intéressantes que votre dernière.

. . . .

Je vous remercie de vos communications sur la façon d'être de la clique viennoise ; ces petitesses dans une si grande ville me surprennent. — Pourtant ce qui est bon se maintient malgré tout, et, pour moi, je me laisse difficilement influencer et détourner de mon chemin. Il faut cependant que je connaisse cette ville ; ce sera peut-être cet été. Resterez-vous à Vienne?

Je salue les Wieck. J'ai reproduit dans mon journal la notice biographique (sur Clara) qui avait paru dans le journal de Witthauer.

D'après votre nomenclature, il ne vous manque de mes œuvres que l'op. 2 : les « Papillons. » — l'op. 5 : « Impromptus, » et l'op. 12 : « Carnaval. » Il va en paraître bientôt beaucoup d'autres. Il ne m'en est jamais tant sorti du cœur que dans ces temps derniers. — Trois cahiers de Novelettes (historiettes d'aventures, bien coordonnées), des Scènes enfantines très faciles, écrites pour de petits enfants par un grand — enfin un quatuor pour instruments à cordes qui me remplit de satisfaction, quoiqu'il ne puisse avoir que la valeur d'une tentative.

A propos, je lis la nouvelle d'une injure qui aurait été adressée à Clara par un comte S.... Qu'y a-t-il de vrai là dedans?

Deux mots pour me mettre au courant : adressez-moi bientôt des correspondances, et continuez à m'aimer.

Votre dévoué

R. Schumann.

A Karl Krägen, à Dresde.

Leipzig, 22 avril 38.

Mon cher Krägen,

Un violent refroidissement m'a atteint si fortement que je ne peux pas remuer un membre. A cause de cela, je ne puis vous envoyer que très peu de chose; mais vous aurez certainement un envoi vers le 27. Rien de nouveau, — si cette maladie ne cesse pas, — mais des œuvres déjà anciennes.

J'ai heureusement terminé, dans ces derniers temps, un grand nombre d'œuvres qui sont mises en réserve.

J'ai actuellement en ma possession une feuille de l'album de Mme X.... Mais elle a été tellement chiffonnée dans le trajet qu'il est impossible de l'offrir pour un cadeau de fête.

Vous recevrez cette lettre lundi matin;—je pourrai avoir mardi votre réponse et une feuille d'album *roulée avec soin*. En tout cas répondez-moi, et mercredi, au plus tard jeudi, le manuscrit retournera de nouveau entre vos mains.

Je vais m'occuper d'avoir des manuscrits originaux, quoique rien ne presse. J'ai malheureusement donné, il y a huit jours, tout ce que j'avais reçu, dont je pouvais me passer. Si vous en désirez quelques-uns pour votre jour de naissance, écrivez-le-moi cependant, je retrouverai peut-être encore quelque chose.

Je vous remercie de votre sympathie pour mes compositions. J'en ai souvent besoin; j'en entends si rarement parler! Je suis heureusement possédé par une telle ardeur de travail que, même au milieu de la mer, seul dans une île déserte, je ne pourrais l'abandonner. Vous verrez encore cette année beaucoup d'œuvres nouvelles de ma façon. Cela bouillonne en moi si violemment, que je ne sais quelquefois pas où je pourrai m'arrêter. — Mon art me rend complètement heureux! Connaissez-vous les Danses des Compagnons de David? Ecrivez-moi sur elles de bonnes paroles, comme vous m'avez habitué à en entendre de vous.

« La Nuit » est aussi ma préférée. Après l'avoir écrite, j'y ai retrouvé l'histoire de Héro et de Léandre. Recherchez cela, c'est tout à fait surprenant. Liszt, qui est à Vienne, a déchiffré merveilleusement, dit-on, les « Fantaisies, » surtout la « Fin du Chant. »

Maintenant, adieu, très cher. N'oubliez pas le 28, et répondez-moi immédiatement.

A vous de cœur,

R. Schumann.

A J. Vesque de Püttlingen, à Vienne[1].

Leipzig, 26 mai 1838.

La très aimable lettre que Votre Excellence a eu la bonté de m'écrire, m'a causé une telle joie que je tiens à vous remercier sans tarder.

Votre nom ne m'était nullement inconnu, car si j'oublie volontairement une quantité de mauvaise musique, je garde un fidèle souvenir aux nobles aspirations comme celles que, du premier coup d'œil, on reconnaît dans vos œuvres.

La rubrique « Chansons » ne dépend pas de mon département. Pour l'annonce de vos mélodies, vous verrez donc apparaître une autre signature qui ne pourra, en aucun cas, exciter une discussion quelconque. Je viens vous demander s'il ne vous plairait pas de prendre part aux publications musicales trimestrielles du Journal. C'est un moyen plus rapide que tout autre de propager un nom. Comme ces suppléments n'apparaissent qu'à d'assez longs intervalles, et que le plus grand nombre possible de compositions doivent y être insérées, chacune d'elles ne doit pas avoir plus d'étendue que deux ou trois pages impri-

1. Johann de Vesque de Puttlingen, conseiller de chancellerie à Vienne.

mées : ce qu'il y aurait de mieux serait de m'envoyer
tout un cahier soit de Lieder, soit d'œuvres d'un genre
différent, dans lequel je choisirais ce qui devra faire le
meilleur effet à côté des autres publications.

Peut-être pourrai-je réaliser cette année un projet
très désiré par moi depuis longtemps déjà : voir enfin
Vienne ! En ce cas, très honoré Monsieur, m'autori-
seriez-vous à me présenter chez vous ?

Avec respect et dévouement,

    votre très obéissant serviteur,

R. Schumann.

A Mme H. Voigt, à Berlin.

Lepzig, 11 juin 1838.

Ma chère amie,

Votre lettre m'a causé une grande joie. Si je n'y ai
pas répondu immédiatement comme je l'aurais dû,
prenez-vous-en à mon jour de naissance qui m'apporte un surcroît d'ouvrage : moi qui suis toujours
enchaîné par tant de beaux projets, il me faut renfer-
mer en moi-même un monceau de lettres à écrire
pour envoyer un souvenir à ma vieille amie. Et
comme je suis toujours aussi distrait, cette lettre ne
sera pas réussie, — malgré tout, il faut qu'elle parte.

Je suis très heureux que mes « Fantaisies » vous plaisent autant. J'ai besoin d'être soutenu par des Amazones de votre sorte. La musique, chez quelques compositeurs, ressemble à leur écriture : difficile à lire, étrange à regarder, mais une fois qu'on l'a comprise, il semble qu'elle ne puisse être autrement. L'écriture appartient à la pensée, la pensée au caractère, etc., etc. En un mot, ma chère amie, je ne puis ni écrire, ni composer autrement que je ne suis et que vous continuerez à me connaître.

Rien de bien neuf ici ; aujourd'hui David, de retour des fêtes de Cologne, est venu chez moi ; à Cassel, il a rendu visite à Spohr, qui malheureusement vient de perdre une fille ! Peut-être cela changera-t-il ses plans de voyage et ne viendra-t-il à Leipzig que plus tard.

Et vous, quand donc venez-vous ? Leipzig est beau, les rossignols ne veulent pas le quitter. Venez bientôt ! Que fait Voigt ? C'est un excellent homme, d'après Bennett, et je le salue cordialement.

Aujourd'hui, je donne ma seconde séance de quatuor ; malheureusement ma pianiste me fait défaut (elle est à Berlin) ; il n'y aura donc que des quatuors d'instruments à cordes. Je suis très content de ces concerts, le journal y gagne aussi.

Une très intéressante lecture vous attend à votre arrivée ici : c'est une biographie de Beethoven, tout nouvellement écrite par Ferd Ries et le docteur We-

geler — ce dernier était un ami de jeunesse de Beethoven, — je vous prêterai ce volume dont on ne
peut se séparer. Il est réservé à un futur Jean-Paul
d'écrire l'histoire de Beethoven et de ses pensées
intimes — œuvre splendide et digne d'inspirer un
autre génie!

Encore une demande. Pouvez-vous me faire savoir
qui est J. Mathieux, dont un cahier de « Lieder » de
valeur a paru chez Trautwein; peut-être pourrez-vous
apprendre son adresse exacte. — Je serais très heureux
aussi de recevoir celle de Mme d'Arnim (Bettina). —
Peut-être Taubert, au souvenir duquel je me rappelle,
la connaît-il.

Il y a quelques jours, j'ai reçu une lettre d'un jeune
compositeur Hermann Hirschbach; ce qu'il m'a
envoyé m'a fort intéressé, — il paraît avoir une nature
très personnelle. Peut-être pourrez-vous apprendre
aussi sur lui quelque chose de plus précis. Mais assez
de demandes. Il en a toujours été de même; il suffit
que je vous voie ou que je pense à vous, pour que je
sois immédiatement tenté de vous demander quelque
chose; cela doit tenir à vos yeux.

Maintenant adieu; ne vous enthousiasmez pas trop
avec Rellstab et Schmidt; je vous le permets plutôt
avec Taubert; mais, même alors, pensez avec affection à votre dévoué

R. Schumann.

A Vesque de Püttlingen.

Leipzig, 15 juillet 1838.

Je prends la liberté d'écrire aujourd'hui à Votre Excellence pour lui demander de vouloir bien me donner l'appui de ses précieux conseils dans une circonstance très importante de ma vie.

La grande sympathie que vous avez témoignée à mes efforts m'encourage à vous adresser cette demande.

Avant tout, très honoré Monsieur, je me permets de vous demander de garder le silence le plus absolu sur cette lettre; le fruit n'est pas encore assez mûr pour qu'on en parle ouvertement.

Voici la chose sur laquelle je vous demande de vouloir bien fixer votre attention.

Des circonstances particulières (point dangereuses, plutôt d'une nature agréable) me rendent nécessaire, pour l'avenir, de me fixer dans une grande ville. Vienne me paraît la plus propice à mes travaux, et après de courtes mais sérieuses réflexions, je me suis décidé pour votre belle ville; j'aurai peut-être, à la fin de cette année, la joie d'être personnellement en rapport avec vous.

Mais je ne veux pas abandonner le journal qui me

tient au cœur. Au contraire, il doit paraître à Vienne en même temps que moi, vers le mois de janvier.

Dans très peu de temps, la manière de le publier sera décidée.

Voulez-vous, vous que j'ai entendu encore dernièrement citer par Mlle Clara Wieck, comme un brillant protecteur des arts, aider de vos conseils et de votre appui un artiste sans aucune expérience, à peine sorti de ses langes, et lui indiquer quelles sont les démarches à faire pour obtenir le droit de faire paraître son journal en Autriche?

Il est possible que le journal soit connu comme un journal de *jeunes*, intrépide, peut-être un peu trop hardi et ne redoutant rien, mais, par contre, il n'a jamais abordé aucune question politique qui puisse me faire craindre que la censure refuse l'autorisation de le laisser imprimer à Vienne.

Voulez-vous avoir l'extrême obligeance de me faire connaître vos vues à ce sujet?

Le journal devra paraître à Vienne en janvier 1839; moi, j'y serai depuis la fin d'octobre. Est-ce que ce temps sera suffisant pour se mettre d'accord avec la censure et obtenir l'autorisation d'imprimer? Pourrais-je peut-être dès maintenant me mettre en rapport avec ceux qui détiennent le pouvoir? A qui devrais-je m'adresser? Me sera-t-il utile d'avoir quelques recommandations particulières, un passe-port ministériel?

Faut-il déposer un cautionnement? Y a-t-il besoin de pièces spéciales?

Veuillez me pardonner cette foule de questions. Votre clairvoyance éclairée d'homme d'Etat vous permettra sans doute de me dire ce qu'il me faudrait faire dès maintenant.

Envoyez-moi bientôt une bonne réponse, et je vous remercierai du plus profond de mon cœur. Je suis pressé par le temps, car je ne voudrais pas prolonger mon séjour ici . . . .

. . . .

J'ai l'audace de compter sur votre haute protection et d'espérer qu'à son arrivée, vous voudrez bien soutenir l'étranger.

Encore une fois, je vous prie instamment de me garder le secret. Dans l'espoir d'une prompte et bienveillante réponse, je reste, de votre Excellence, le très entièrement dévoué.

Robert SCHUMANN.

A H. Hirschbach.

Leipzig, 7 sept. 1838.

Cher ami,

Les préparatifs du départ s'emparent tellement de mon cerveau et de mon temps que je réclame votre indulgence pour la brièveté de ces lignes. Venez donc avec moi. Partons pour le sud, pour Vienne! Nous pourrions nous rejoindre à Dresde dans trois semaines environ et voyager ensemble.

Je lirai à tête reposée votre lettre sur la musique et j'y ajouterai mes impressions : c'est ainsi que se forme la plus vivante critique. Continuez à écrire chaque semaine, pour que nous puissions faire se succéder en ordre la série de vos articles. N'oubliez pas non plus, durant mon absence du journal, de vous entendre avec mon vice-rédacteur (Lorenz), c'est-à-dire de lui livrer de fréquents articles ; je vous en serai très reconnaissant. Quelles sont vos idées concernant les fêtes musicales ? les distributions de prix ? le monument de Beethoven ? Ne craignez pas de parler des questions d'actualité ; il y a partout à glaner et à fouiller.

Vous ne connaissez pas mes plus importantes compositions : les sonates (publiées sous le nom de Florestan et d'Eusèbe). Je crois que vous y remarquerez (si vous ne l'avez déjà fait dans mes plus petites œuvres) maintes formes nouvelles. Je ne m'en préoccupe aucunement en composant ; elles n'en viennent pas moins.

Dans votre lettre à O[1], j'ai changé quelques mots ; j'espère qu'ils vous satisferont ; ils ont, en tout cas, été

1. Concernant la 9e Symphonie de Beethoven.

mis par moi avec la meilleure intention d'agir pour votre bien. Mélangez le moins possible votre talent de compositeur avec les idées que vous exprimez par écrit ; on atteint d'autant mieux le but.

Je pars d'ici le 22. J'espère bien recevoir auparavant encore quelque chose de vous et vos 3ᵉ et 4ᵉ lettres sur la musique. Ce que je préférerais, c'est que vous veniez à Vienne avec moi cet hiver.

Votre

R. Schumann.

A Osvald Lorenz, à Leipzig.

Vienne, 27 octobre 1838.
Samedi.

Je viens de recevoir les nᵒˢ 29 et 30 qui, en vous rappelant vivement à ma pensée, me rappellent aussi tous les moments d'angoisse que je vous ai déjà causés. Sur ma situation ici, malheureusement encore rien de décisif à vous dire. Vienne est tellement étendue qu'une ou deux courses absorbent souvent une journée entière, passée sans avoir pu diminuer en rien les grandes difficultés soulevées par les autorités. J'espère pourtant que la semaine prochaine je me serai un peu rapproché du but, En tout cas, je compte réussir à ce

que le journal puisse paraître à Vienne, si ce n'est
pour la nouvelle année, du moins en juillet 1839.
S'il est impossible de réussir avant le nouvel an, je
vous demanderai de vous charger de la direction
encore pendant six mois. Votre amitié me fera-t-elle
encore ce sacrifice? . . . . . , ...

. . . . ' . . , ...

Je n'ai réellement pas pu trouver assez de repos
pour travailler en vue du journal. Figurez-vous qu'ici
on est cent fois plus distrait que partout. Dois-je vous
avouer que j'aspire avec bonheur l'air libre qui péné-
trait si peu dans mes poumons entre les quatre murs
du cabinet de rédaction où je suis resté enfermé pendant cinq années? Si, plus tard, vous venez me rendre
visite à Vienne, je vous récompenserai de tout ce que
vous faites pour moi : je vous conduirai sur les belles
montagnes d'alentour que vous serez heureux de voir,
assurément : il ne me manquera certes pas, d'ici là,
de montagnes à gravir, mais si je reste ici en bonne
santé, je viendrai à bout de réaliser les projets que j'ai
pu former.

J'ai très peu de nouvelles de Leipzig, ce qui m'attriste souvent. J'attendais de vous et de Friese quelque
chose chaque semaine, mais je me rends très bien
compte du nombre de vos occupations.

Ecrivez-moi avant tout où en est le stock des manuscrits qui vous ont été adressés depuis mon départ. Je

serai plus tranquille si je sais que, de ce côté, il n'y a pas menace de disette. Votre silence me paraît un bon signe, mais je voudrais en être assuré. Faites bien attention de ne rien accueillir qui puisse mécontenter la Censure d'ici. Vous ne sauriez croire quel pouvoir elle exerce ; cela fait penser à l'époque de la Sainte-Vehme.

Schefer et Lyser n'ont-ils rien envoyé ? La nouvelle de Schefer ferait bien dans le 1er numéro du 10e volume : au cas où elle concernerait, comme je le crois, une période de la vie de Mozart à Vienne, il ne faudrait pas encore laisser imprimer ce volume à Leipzig. Dès que j'aurai reçu votre réponse, je vous enverrai trois lettres originales de Mozart, de Beethoven et de Hummel, que la société des Amis de la musique m'a laissé copier pour les reproduire dans le journal. J'ai aussi une nouvelle « d'Astorga, » que je ne vous enverrai que si les manuscrits venaient à manquer, parce que Rochlitz lui a déjà emprunté quelque chose. Réponse à ce sujet.

(Ici Schumann adresse à son rédacteur quelques recommandations spéciales pour le journal.)

.   .   .   .

.   .   .   .

Comment cela marche-t-il chez Poppe? Qui est assis dans le coin? Ici le boire et le manger sont indescriptibles. A l'Opéra, vous seriez satisfait; il y a des chanteurs et un ensemble inconnus chez nous....

. . . .

Maintenant adieu, je vais chez Thalberg — Ecrivez-moi vite.

Votre

SCHUMANN.

... Encore une fois, adieu, mon très cher. — Mes souvenirs à ceux qui pensent à moi — à toute la tablée. Comment marchent les concerts de l'Euterpe? Dites à ceux qui ne sont pas au courant de nos plans que je reviendrai au milieu de décembre. Que je désire souvent vous revoir !

Quelles remarquables relations je noue en ce moment !

A partir du mois de mai de cette année 1839, Schumann est entré en correspondance avec l'avocat Einert de Berlin; il s'agit de régler la marche judiciaire à suivre pour arriver à suppléer au consentement du père de Clara Wieck, qui persiste à repousser l'idée du mariage des deux fiancés. (Note de la traductrice.)

A Breitkopf et Hartel.

Vienne, 6 janvier 1839.

Très honorés Messieurs,

C'est au sujet d'une circonstance vraiment intéressante que je m'adresse à vous aujourd'hui. J'ai vu, il y a quelques jours, le frère de Franz Schubert, et j'ai constaté, avec étonnement, qu'il possède des trésors : quelques opéras, quatre grandes messes, quatre ou cinq symphonies et encore beaucoup d'autres choses. Je lui ai demandé si lui, le frère, ne s'était jamais adressé à personne pour publier ces œuvres, il me répondit négativement. en ajoutant : « Les éditeurs de Vienne ont une grande quantité de choses à imprimer, en dehors de ce qu'a pu laisser mon frère ! »

Comme il me pria d'user de tout mon pouvoir pour qu'il pût arriver à cette publication, mes pensées, très honorés Messieurs, se sont tournées vers vous. Je me permets de vous recommander spécialement les messes et les symphonies. Ces dernières pourraient paraître dans une édition à quatre mains, et je me chargerais volontiers de cette transcription. — Tout cela, naturellement, d'après ce que vous en penserez. — Comme honoraires, vous pourrez présenter différentes propositions, surtout si vous achetez le tout en

bloc. Le frère de Schubert ne peut pas renoncer entièrement à des honoraires, car il est sans ressources. Il
a huit enfants à élever, et cet héritage est tout ce qu'il
possède. Je vous fixerai à ce sujet, dès que j'aurais reçu
votre réponse. . . . .

. . . .

*(Schumann réussit dans sa bienveillante négocia-
tion; le frère de Schubert accepta, avec satisfaction,
cent quatre-vingt florins, prix accordé par les éditeurs Breitkopf et Hœrtel).*

A H. Dorn.

5 septembre 1839.

Mon très honoré et cher ami,

J'ai reçu très tard votre lettre longuement attendue;
je ne l'ai que depuis 10 ou 12 jours, elle a dû rester
longtemps à Kœnigsberg. Il m'est pénible de me passer, cette année, de votre correspondance dans le journal, et pourtant, je ne vois pas que je puisse faire
autrement. J'ignore moi-même comment j'ai la hardiesse, après tant de témoignages de bienveillance
et de sympathie, de vous demander de me consacrer
encore du temps, alors que j'ai si peu à vous offrir en
échange? Mais quand je regarde de plus près votre

écriture, le bon vieux temps revit devant moi, me montrant, grondeur ou souriant, le visage bien connu de mon Maître, et alors je comprends de nouveau comment j'ose encore m'adresser à vous. Je serais très heureux si vous vouliez me faire une place dans votre galerie, car, en réalité, le monde ne connaît pour ainsi dire rien de moi. Vous savez du reste pourquoi. Quelquefois on se figure que c'est inutile, mais, au fond, je m'en tiens à l'avis de Jean-Paul, quand il dit : « L'air et la louange sont les uniques choses que l'homme puisse et doive absorber sans relâche. » Mais je ne veux pas me plaindre, et je me sens, au fond, heureux par mon art et pense bien travailler encore *longtemps*. Aussi bien ai-je à côté de moi quelqu'un pour m'encourager et me soutenir : Clara. Je devrais l'appeler ma fiancée ; mais c'est une histoire ridicule — sachez-le. — Nous avons dû intenter un procès au vieux Wieck, parce que, comme je ne suis ni un âne ni un Rothschild, il ne veut pas donner son consentement. Nous attendons que le oui soit prononcé dans quelque temps par la justice, peut-être bien alors irons-nous vous voir à Riga. Vous pouvez vous imaginer si je passe par de tumultueuses agitations ! Il m'était impossible, maintenant que tout est ouvertement décidé, de vous cacher plus longtemps la situation, à vous qui me connaissez, et qui aimez Clara depuis de longues années. Je suis certain des souhaits de bonheur que vous formez pour nous. La jeune fille est unique et d'une bonté infinie.

On peut certainement trouver dans ma musique la trace de la lutte que j'ai soutenue pour Clara, et je suis assuré que vous le comprendrez. Le concerto, les sonates, les danses des Compagnons de David, les Kreisleriana et les Novelettes sont presque entièrement inspirés d'elle.

Je n'ai jamais rien vu de plus maladroit et de plus borné que l'appréciation écrite par Rellstab sur mes Scènes d'enfants. Il suppose vraiment que je mets devant moi un enfant qui braille, et que je cherche à imiter ses cris. Je ne nie pas, cependant, que quelques têtes d'enfants ne passent devant mes yeux tandis que je compose, mais les titres n'ont été choisis qu'ensuite ; ils ne sont réellement qu'une indication pour la compréhension et l'exécution des morceaux....

Je contemple toujours avec une sorte de souffrance l'article sur la Novello ; il me plaît beaucoup ; il contient tant de vérités, mais il faut que vous sachiez que la Novello est la fiancée d'un de mes meilleurs amis, le Dr Weber, qui ne me pardonnerait jamais d'avoir autorisé cette publication. Que pensez-vous de cela ? Me maudissez-vous ?

Est-ce que votre « Juré de Paris » ne sera pas interprété en Allemagne ? — Ne l'avez-vous pas envoyé à Ringelhardt ; ne paraîtra-il pas imprimé ?

Les opéras de Lorzing ont un succès presque incompréhensible. Ne viendrez-vous donc pas une fois en Allemagne ? — Leipzig a beaucoup changé, et en bien, grâce à Mendelssohn. Le théâtre aussi a repris de la vie. — Stemayer se repose à Brême ; sa place ici est prise par un Dr Bach qui est le contraire de l'ancien, en ce sens qu'il n'a encore rien composé.

L'ancien reste toujours ma Bible de chevet.

Envoyez rapidement quelques mots sympathiques à

Votre vieux et dévoué

Robert SCHUMANN.

A Clara.

Leipzig, 11 décembre 1839.

... Clara, aujourd'hui j'ai été profondément heureux. On a répété une symphonie de Franz Schubert. Que n'étais-tu là ? Il est impossible de la décrire ; ce sont des voix humaines, tous les instruments qui vous donnent une impression supérieure — malgré Beethoven. Et ce développement, ce développement céleste, c'est comme un roman en quatre volumes, et c'est plus long que la neuvième symphonie !

J'étais au comble du bonheur, et je ne désirais rien, si ce n'est de t'avoir pour femme et d'être capable d'écrire de pareilles symphonies....

A Keferstein.

Leipzig, 31 janvier 1840.

Très honoré Monsieur,

Je reçois aujourd'hui votre lettre amicale et votre intéressant article que je n'ai pas encore eu le loisir d'approfondir; mais je veux vous répondre de suite par quelques lignes de remerciement pour la première. Il s'est écoulé beaucoup de temps depuis ma dernière lettre; j'ai éprouvé beaucoup de joies, et aussi beaucoup de peines professionnelles et personnelles. Quand le rédacteur du journal a des vacances, le compositeur surgit; et, en plus de cela, des circonstances particulièrement angoissantes ont accaparé et mon temps et mes forces. Soyez donc indulgent pour mon long silence. Souvent aussi, — oserai-je vous l'avouer? — je me suis demandé si l'intérêt que vous portiez à la jeune élite artistique était toujours le même que jadis. Un nouvel article de vous, paru dans un journal de Stuttgart, a fortifié mes doutes; vous dites à chaque instant que « après Bach et Kuhnau, on comprend seulement comment Mozart et Haydn sont arrivés à composer leur musique, mais que l'on comprend moins comment les nouveaux musiciens sont arrivés à composer la leur. » C'en est, du moins, le sens ; or, je ne partage pas entièrement votre manière de voir. Mozart et Haydn ne connaissaient pas l'œuvre entière de Bach, et il est impossible de se rendre compte de l'influence que Bach aurait eue sur eux, s'ils avaient connu l'ensemble de ses compositions.

La plupart des œuvres profondément combinées, poétiques et humoristiques de la nouvelle musique, ont certainement reçu de Bach leur source primitive : Mendelssohn, Bennett, Chopin, Hiller, ceux qu'on appelle les romantiques (je parle toujours des Allemands) approchent davantage dans leur musique de Bach, que ne le fit Mozart. Ils le connaissent tout à fait à fond et, comme moi, ils s'inclinent chaque jour devant ce génie qui me purifie et me donne des forces. De plus, il est impossible de mettre Kuhnau, quelque digne d'estime qu'il soit, sur la même ligne que Bach. Même si Kuhnau avait écrit « Le Clavier bien tempéré, » il ne viendrait encore qu'à la cheville du Maître.

D'après moi, du reste, il est impossible d'approcher de Bach, il est incommensurable. Personne de l'a mieux jugé (Marx excepté) que le vieux Zelter ; lui, d'habitude si grossier, devient doux comme un enfant en prière, quand il vient à parler de Bach.

Maintenant, assez là-dessus, et excusez-moi de vous écrire ce qui serait mieux en place dans mon journal.

. . . .

. . . .

Vous savez peut-être que Clara est ma fiancée, peut-être aussi quels... moyens son père a employés pour empêcher notre union ! Quoiqu'il en ait, il ne peut que la retarder, mais non l'empêcher. La situation artistique si importante de Clara m'a souvent donné à réfléchir sur la modestie de la mienne. Je sais combien Clara est simple dans ses goûts, et aussi, qu'en moi, c'est l'homme et le musicien qu'elle aime. Je crois pourtant qu'elle serait heureuse de me voir parvenir à une plus haute situation, dans le sens bourgeois du mot. Permettez-moi donc de vous demander s'il est difficile de devenir docteur à Iéna ? Devrai-je subir un examen et lequel ? A qui faut-il s'adresser pour cela ? Mon cercle d'action, en tant que rédacteur d'une feuille qui subsiste depuis sept ans, ma situation comme compositeur, et la façon droite et courageuse dont je cherche à atteindre mon but, tout cela ne me viendrait-il pas en aide pour obtenir cette dignité ? Donnez-moi sincèrement votre opinion, et accueillez la prière que je vous fais de garder le silence le plus absolu, pour le moment, sur ce dont je viens de vous parler.

Continuez à me conserver votre bienveillance et réjouissez-moi bientôt par une prompte réponse.

Votre dévoué

SCHUMANN.

A Clara Wieck.

Leipzig, 24 février 40.

Ma chère Clara,

. . . .

Nous ne pouvons pas faire autre chose! La justice et notre honneur nous commandent de marcher avec hardiesse. Sais-tu ce que dit Gœthe?

Qu'exige l'honneur? Qu'on se défende.

Gathy m'écrit aussi au sujet des rumeurs extraordinaires qui courent sur moi. Tu m'écris de même! Je ne sais plus où j'en suis. Mon sang bouillonne souvent dans mes veines; jusqu'à ce qu'il s'arrête, je me défendrai!

Et voilà que je te répète ce que je ne devrais et ne voudrais pas te dire; mais je ne puis m'en empêcher. Tu me dis que je suis découragé devant toute l'humanité. Oh! non, comme tu es dans l'erreur!

De combien de rêves d'amour, de musique, mon cœur n'est-il pas rempli? Ne redoute donc rien. — Mais comment voudrais-tu, après tant d'embûches, m'empêcher de me plaindre à toi, en quelques lignes isolées, pendant quelques minutes? Ce que j'ai supporté me paraît souvent dépasser les bornes de la

7

patience humaine. — Plus d'un, pensant autrement que moi, aurait abrégé cette épreuve. Mais, sais-tu bien quel est mon modèle? C'est toi, ma Clara. Je sais que ta douleur ne le cède en rien à la mienne....

A Kefersten.

Leipzig, 29 février 1840.

Mon très honoré ami,

Ainsi tout est terminé à ma plus grande joie! L'éloge (dans le diplôme de docteur) est si flatteur, que c'est à vous certainement que je dois une bonne part de mes remercîments. Cela a profondément réjoui mes amis et moi. Mon premier mouvement fut, comme de juste, d'en envoyer un exemplaire dans le Nord, à ma fiancée qui, étant encore jeune comme une enfant, a dû sauter de joie à l'idée d'être la future femme d'un docteur. Elle vous écrira elle-même pour vous remercier; quant à la photographie et à l'autographe, elle vous les fera parvenir de Ber-lin où elle s'est fait tout adresser. Elle abandonnera probablement le voyage de Copenhague — où sa mère et moi nous devions l'accompagner — à cause de la grande crainte que lui inspire la traversée. Peut-être, pourtant, se fera-t-il encore. En tout cas, je la

verrai bientôt, et je n'ai pas besoin de vous dépeindre
ce que seront ces heures bénies. Et maintenant, encore
un remercîment pour votre intervention, vos fatigues,
votre rapidité. L'amitié a aussi des ailes, comme je
viens de le constater, et je pense que vous aurez
pleine confiance en la mienne, s'il vous survient
jamais la pensée de la mettre à l'épreuve.

Je vais écrire tout à l'heure quelques mots à M. le
conseiller d'Etat Reinhold. Les lignes dont il a accompagné le diplôme sont des plus aimables....

Je pense pouvoir vous envoyer bientôt mes œuvres
pour chant, qui vont paraître chez Breithopf et Härtel.
Il est mesquin, de la part de Fink, de n'avoir jamais,
même une seule fois, mentionné depuis neuf ans mes
œuvres pour piano, qui se distinguent cependant
d'une façon particulière. Cela ne me trouble pas dans
l'intérêt de ma renommée, mais surtout parce que
cette tendance m'indique ce que sera la musique à
venir. Il y a beaucoup de bonne volonté dans le
« Néoromantique[1], » mais la composition en est extrêmement faible.... Vous pouvez en avoir la seconde
partie, et le livre entier vous sera même envoyé avec
plaisir par l'auteur, si vous voulez bien lui consacrer
quelques lignes de critique dans le Journal de littérature. Je vous serai obligé de me faire savoir dans quel

1. Roman musical de Jules Becker (Leipzig, 1840).

numéro de ce journal paraîtra l'annonce de mon doctorat, : je ne le lis pas régulièrement....

Écrivez-moi bientôt, et croyez-moi votre dévoué qui signe pour la première fois

Dr R. SCHUMANN.

A Ernest. A Becker.

28 juin 1840.

Mon cher Becker,

Ci-joints les nocturnes qui me rappelleront souvent à toi amicalement; ce seront le premier et le dernier qui te plairont le plus; donne le second exemplaire à Brendel, avec mes amitiés.

Clara est ici depuis trois semaines, et nous nous enthousiasmons continuellement, tant à la promenade qu'au piano — Nous avions le projet d'aller te voir en juillet, mais nous craignons — à te parler franchement — les bavardages du public, si nous faisons de si lointaines excursions ensemble, avant d'être mariés. Tu seras de mon avis. Mais nous avons un autre plan te concernant : comme tu es ordinairement en vacances au milieu de juillet, tu viendras à Leipzig ; écris-moi tout de suite quand tu pourras arriver. Clara, dont la santé me préoccupe souvent, doit passer quelques semaines à la campagne, dans les environs de Köthen, où elle a été invitée par une famille de fonctionnaires : naturellement elle voudra être ici durant ton séjour ; son départ dépend donc de ton arrivée. Ecris tout de suite, arrange-toi pour rester ici une ou deux semaines : dans un petit hôtel, cela te coûtera très peu de chose ; nous nous entretiendrons longuement ensemble, et je te ferai entendre beaucoup de mes nouvelles compositions musicales.

Mes « Lieder » font beaucoup parler d'eux ; j'en ai terminé une grande quantité à quatre voix qui sont très bien réussis, et que nous te chanterons. Maintenant adieu, mon cher ami, salue ta femme et aussi tous ceux qui pensent affectueusement à nous. Clara t'envoie ses cordiales amitiés.

Tendrement à toi,

SCHUMANN.

Le 3 juillet 1840, Schumann, voulant offrir à sa fiancée un nouveau piano à queue, écrit à Breitkopf et Hærtel pour leur demander de vouloir bien lui faire un prix d'artiste et d'ami.

Le 4 juillet, sur une réponse gracieuse, il envoie à ces messieurs les instructions suivantes :

« A 4 heures 1/2, j'emmènerai ma fiancée à la promenade. Veuillez donner des instructions aux porteurs qui devront déposer le piano au n° 13 de la Reich-strasse, au premier étage[1], vers 5 heures 1/2. Ils trans-porteront alors le piano à queue qui est chez moi, dans mon cabinet, au Grand Lys. Je pense trouver tout cela en ordre après 6 heures.

« Encore merci pour l'amitié que vous me témoi-gnez en cette circonstance. A la fin de la journée, je viendrai moi-même acquitter ma dette. »

A Camille Stamaty, à Paris.

28 septembre 1840.

Ta lettre m'a surpris agréablement; comment as-tu appris si vite l'heureuse nouvelle de mon bonheur? Crois que je t'en aurais fait part moi-même; mais ré-fléchis aussi à tout ce que, dans un pareil moment on a affaire autour de soi, et pardonne-moi. Tu sais combien ma correspondance officielle est étendue, combien, en dehors de cela, je suis occupé par ma mu-sique....

Le cours de ma vie, dans ces dernières années où tu n'as pas entendu parler de moi, a été très agité; tu peux en avoir le reflet dans mes compositions. Combien

1. Chez Mme Carl, sœur de Mme Marianne Bargiel. Clara demeurait chez sa tante.

je désirerais que tu connusses mes nouvelles œuvres, surtout celles pour chant; mais vous autres, Parisiens, vous ne vous occupez guère de ce que produit l'étranger. J'aimerais tant savoir où ton bon génie t'a conduit. Moi, ma musique est devenue plus sereine, plus pénétrante, plus mélodieuse. Tu l'as sans doute déjà remarqué dans les Scènes d'enfants. Ce ne sont là que des bagatelles, je me suis lancé depuis dans des œuvres bien plus importantes.

Tu te trompes si tu crois que je n'apprécie pas ton portrait, il est devant moi, sur ma table à écrire; je t'enverrai volontiers le mien; écris-moi comment je dois m'y prendre.

Cher Stamaty, j'ai une femme exquise; ce bonheur l'emporte sur tout; puisses-tu un jour nous visiter dans notre riant intérieur d'artistes; choisis bientôt, toi aussi, une excellente femme!...

A C. Kossmaly, à Detmold.

Leipzig, 9 mai 1841.

Digne Monsieur et ami,

La rédaction du Journal vous est encore redevable de quelque petite chose que je joins à cette lettre. Je voudrais pouvoir vous envoyer plus que le strict dû;

mais vous avez appris que, maintenant, je suis marié
et que les circonstances ont changé. Puisque vous
êtes assez aimable pour vous y intéresser, sachez que
ce changement n'est pas mauvais — bien au contraire,
— suivez donc bientôt mon exemple et cherchez une
femme aussi exquise que la mienne. Le temps pendant lequel vous n'avez pas entendu parler de moi
s'est écoulé dans le bonheur et le travail. Je voudrais
que vous connussiez ma symphonie. Quelle joie m'a
causé son exécution ! Beaucoup d'autres en ont été
heureux aussi, car elle a été accueillie avec une bienveillance que, depuis Beethoven, une nouvelle symphonie n'avait plus rencontrée. J'ai maintenant en projet
une quantité de travaux d'orchestre ; il y en a qui sont
déjà terminés et que je ferai jouer l'hiver prochain.
La symphonie paraîtra avant l'hiver, et vous aurez
peut-être l'occasion de l'entendre et d'en dire un mot.
J'ai été un peu troublé par votre article sur mes « Lieder » où vous me placez au second rang : je ne récla-
mais pas le premier, mais je pensais avoir des droits à
une place à part, et il me déplaît de me trouver en
compagnie de Reissiger, Curschmann, etc. Je sais que
mes efforts, mes moyens sont bien au-dessus des
leurs ; j'espère que vous vous en rendrez compte vous-
même, et que vous ne m'accuserez pas d'un orgueil
qui est très loin de ma pensée.

Je vous écris cela ouvertement et franchement ;

puissiez-vous l'accueillir de même, et ne considérer ces paroles que comme adressées à vous seul, vers lequel je me sens attiré.

Il sera difficile, si vous ne venez pas vous-même, de trouver un éditeur pour vos œuvres. — Encore une demande, celle-là cependant n'est pas tout à fait mûre, mais je vous l'adresse en pleine confiance : auriez-vous envie, *plus tard*, de prendre ma place au Journal, avec le titre de rédacteur? Je songe à m'établir dans une plus grande ville, et je voudrais laisser le journal fondé par moi entre les mains d'un bon administrateur : réfléchissez à cela. Un séjour prolongé dans un endroit aussi important que Leipzig permet, surtout à un artiste, de nouer une foule de relations avantageuses.

Envoyez-moi donc un choix de vos autres compositions. Quelque sûr que je sois de vos travaux, je ne voudrais pas prendre une responsabilité entière vis-à-vis d'un éditeur, sans savoir s'ils devront plaire au public. Je serai fixé là-dessus par une étude plus attentive de vos œuvres. Il s'y trouvera peut-être des choses plus sereines et plus riantes que je voudrais connaître. — ou bien encore, consacrez-vous entièrement à la grande musique d'orchestre, et faites-la exécuter. C'est la meilleure façon de répandre son nom et d'imposer du respect à l'éditeur. Envoyez-moi aussi tout ce que vous jugerez bon pour le journal : vous savez combien votre collaboration m'est précieuse.

Je m'arrête, car je suis pressé par une masse de travail. Encore quelque chose cependant : un de mes plus chers anciens amis habite Detmold, c'est le Dr Rosen, fils du directeur. Veuillez vous informer de lui, savoir s'il est à Detmold en ce moment; je lui dois des nouvelles depuis des années !

Vivez heureux, travaillez, et montrez-nous ce que vous êtes capable de produire. Votre avenir ne me paraît pas aussi douteux qu'à vous.

Affectueusement, votre dévoué

R. Schumann.

Au Dr E. Krüger.

Leipzig, 26 septembre 1841.

Depuis trop longtemps déjà, j'abuse de votre indulgence ; pardonnez-le au compositeur, et au... père, car je suis père depuis le premier septembre, jour où ma chère femme m'a donné une petite fille dont Mendelssohn est le parrain. La maison commence à se calmer maintenant, et les premières lignes que j'écris sont pour vous, mon très honoré ami.

Il faut que je vous raconte la découverte qui a été faite concernant votre quatrième morceau « O Haupt voll Blut! » Mendelssohn était chez moi quand j'ai reçu votre envoi, et je le lui ai présenté comme étant de Bach, ce qui a donné lieu à une scène comique! En un mot, la composition et tout le morceau était de *Mendelssohn lui-même*, œuvre écrite dans sa jeunesse! Il n'a pu comprendre comment elle était tombée entre vos mains.

Pour le moment, je suis tout à fait plongé dans la musique symphonique. L'accueil plus qu'encourageant fait à ma première symphonie a enflammé mon ardeur. Quand ma nouvelle symphonie parviendra-t-elle jusqu'à vous?

A M. Kosmaly.

Leipzig, 28 octobre 1841.

Cher Monsieur et ami,

Enfin! — n'est-il pas vrai? Mais je suis tellement occupé que si vous veniez dans mon cabinet de travail, vous me pardonneriez. Le journal me prend beaucoup de temps, de même que l'achèvement de plusieurs morceaux de grand orchestre; maintenant, je commence à être un peu débarrassé, et c'est à vous que j'adresse mes premières lignes.

Comment pourrais-je vous en vouloir? Vous avez

toujours été aimable pour moi, et vous l'êtes encore. Si je pouvais seulement vous infuser le joyeux courage de l'artiste, comme je vous serais utile ! Je vous répète qu'il faut absolument que vous veniez vous-même passer quelque temps à Leipzig, pour vous entendre avec des éditeurs. Et surtout écrivez des morceaux plus importants, des symphonies, des opéras ; vous le pouvez : avec de petites choses, il est très difficile de percer.

Votre jolie mélodie : « Celle qui pleure » paraîtra dans le prochain numéro du journal (le 15). Puissiez-vous me faire voir et entendre bientôt quelque chose de nouveau !

Ma première symphonie paraît ces jours-ci ; c'est toujours une date heureuse pour un compositeur. Je crois que la critique que vous avez lue dans l'ancien journal musical vous ferait sortir de vos gonds, si vous aviez entendu l'œuvre à l'orchestre. L'article est d'un critique, partisan connu de Mendelssohn, — pas bête du tout, du reste, — il a été furieux de voir accueillir avec une telle faveur la première symphonie d'un jeune compositeur. Mais assez là-dessus. Je n'aime pas écrire longuement.... Cette composition est déjà loin de moi, et je vise de nouveaux buts. Le temps me presse, et le soir descend. Pensez à moi avec affection.

R. SCHUMANN.

A C. Kossmaly.

Leipzig, 8 janvier 1842.

Veuillez trouver ci-joint, mon très honoré ami, ce
que le Journal vous doit encore pour votre collaboration, jusqu'à la fin du dernier volume (le 15e). Si cela
m'est possible, je vous enverrai bientôt ce qui vous
est dû pour votre article sur Marschner. J'ai bien reçu
et l'article et votre lettre : ce sont surtout les observa-
tions générales qui rendent l'article intéressant. Je ne
partage pas votre opinion sur Marschner; mais vous
la couvrez de votre bon renom, et après tout, il mérite
bien que l'on attire une fois l'attention sur lui. Je ne
lui marchande pas la mienne.... Peut-être aussi fera-
t-il de meilleures œuvres dans l'avenir.

Encore une demande : je pars, le mois prochain,
pour deux mois avec ma femme, pour me rendre à
une invitation de la Société des concerts philharmo-
niques de Hambourg, qui veut exécuter ma Symphonie. De là, nous irons à Brême, et ensuite, peut-être,
encore plus au nord. Il est donc nécessaire de réunir
un grand nombre de manuscrits, et je vous prie de
m'envoyer, encore ce mois-ci, tout ce que vous avez.
Et Franz Schubert? Ne mérite-t-il donc pas qu'on
lui consacre un article important? Cela ne vous tente-

t-il pas ? Il est vrai que ses plus grandes œuvres ne sont pas encore imprimées, mais ses mélodies et ses morceaux de piano sont suffisants pour mériter une étude approfondie. Connaissez-vous sa symphonie en ut? C'est une superbe composition, un peu longue, mais extraordinairement vivante, et d'un caractère nouveau. Tâchez de la connaître.

Je me réjouis de ce que vous veuilliez faire exécuter mes symphonies. La deuxième (en ré mineur), une Ouverture, un Scherzo et un Final, qui ont été exécutés à notre dernier concert, n'ont pas remporté le grand succès de la première. Je crois que j'en avais trop donné en une seule fois, et puis Mendelssohn nous manque comme directeur. Mais cela ne me fait rien : je sais que ces morceaux ne sont en rien inférieurs à la première symphonie, et que, tôt ou tard, ils seront appréciés à leur valeur.

Je me réjouis de vous voir ici cet été; j'y serai sûrement. Surtout, apportez de nouvelles compositions. Mendelssohn reviendra à Leipzig, l'hiver prochain, j'en suis presque certain. Cher ami, celui-là est bien le meilleur musicien que nous possédions en ce moment. Ne le croyez-vous pas? C'est un homme extraordinaire, comme l'a dit Santini, à Rome, un « monstrum sine vitio. » Mais en voilà assez; j'ai encore trop d'occupations, c'est pourquoi, adieu pour aujourd'hui. Restez joyeux et bien disposé,

et croyez à la considération de vos amis, au nombre
desquels vous voudrez bien me compter.

Robert SCHUMANN.

A Théodore Avé-Lallemant, à Hambourg.

Leipzig, 18 février 1842.

Très honoré Monsieur et ami,

C'est le copiste qui est cause du retard. Puis j'ai été
si malade, pendant quinze jours, que le voyage lui-
même était devenu problématique. Maintenant, je
me sens mieux, et nous partons d'ici dans quelques
heures. Nous vous annoncerons, de Brême, le jour de
notre arrivée.

Moi aussi, j'aime beaucoup l'Ouverture des « Porteurs d'eau[1]; » ne manquez pas de la jouer au concert.
Ne comptez pas sur moi pour conduire ma symphonie; je suis tellement myope que je ne peux distin-
guer ni une note ni un musicien; il faut que je me
sois habitué à porter des lunettes avant d'avoir l'audace d'essayer.

Ma femme, qui envoie ses salutations à vous et à
vos amis, jouera le Concertstück avec orchestre, de

1. De Chérubini.

Weber, dans la 1re partie; puis la Romance sans
paroles de Mendelssohn et une Fantaisie de Liszt sur
un thème de Lucie de Lammermoor, dans la 2e partie.

Je serais très content si vous pouviez faire répéter
la symphonie une fois avant mon arrivée; avec une
seule répétition, il serait presque impossible d'arriver
à un bon résultat.

Le temps me presse; il ne me reste plus qu'à vous
assurer de la joie cordiale que j'aurai à me trouver
bientôt auprès de vous,

Votre dévoué

R. SCHUMANN.

A J.-G. Her{og, à Bruck,

Leipzig, 4 août 1842.

Très honoré Monsieur,

Je vous remercie de votre confiance, à laquelle je
voudrais pouvoir répondre par de la franchise. Mais,
de loin, une entente complète se heurte toujours à des
difficultés; de plus, ignorant quel est votre plan
d'existence, je dois rester sur le terrain exclusivement
musical, tel que vos compositions me le présentent.

Vous paraissez être particulièrement attiré par
l'orgue. C'est un grand avantage, et le plus grand
compositeur du monde a écrit pour cet instrument ses
plus belles œuvres. Toutefois, d'un autre côté, l'orgue
conduit facilement à une facture un peu lâche dans
le travail; cela tient à ce que, sur l'orgue, tout se
reproduit dans une belle sonorité. Surtout, n'écrivez
pas des choses trop petites; essayez-vous plutôt dans
des formes élevées : la Fugue, la Toccata, etc.

Vous trouverez les plus beaux modèles dans Bach.

Si vous n'avez pas une préférence marquée pour les
compositions d'orgue, essayez-vous alors dans des
sonates pour piano, des quatuors pour instruments à
cordes; avant tout, écrivez aussi pour chant; c'est,
lorsqu'on est un musicien convaincu, le moyen le
plus rapide d'arriver à l'épanouissement. Lisez aussi
beaucoup de musique, cela rend l'audition intérieure
plus fine; et surtout, ne jouez jamais un morceau
avant qu'il ne chante entièrement en vous. Je vous
recommanderai, pour cet exercice, les 320 chorals, et le
« Clavier tempéré » de Bach. N'entreprenez pas trop à
la fois, et terminez toujours ce qui est commencé,
particulièrement les compositions les plus importantes,
même si elles ne vous contentent pas complètement.
Je ne vous donne que des aperçus; ne vous méprenez
pas sur mes paroles. — Vous avez encore toute une
belle jeunesse devant vous, et à votre âge, on apprend

8

tout, et si facilement! Ne cédez jamais au découragement, et dans les heures de défaillance, allez vous retremper auprès de nos grands maîtres allemands tels que Bach, Hændel, Mozart et Beethoven.

Donc, mettez-vous joyeusement à l'ouvrage, et envoyez-moi, sous peu, quelque chose de vos travaux.

Avec les meilleurs souhaits,

Robert SCHUMANN.

A H.-C. Andersen, à Copenhague.

Leipzig, 1er octobre 1842.

Que devez-vous penser de moi d'être resté si longtemps sans vous répondre, alors que vos aimables lignes m'ont causé tant de plaisir? Mais je ne voulais pas paraître devant vous les mains complètement vides, quoique je sache très bien que ce que je vous envoie n'est pas autre chose que ce que j'ai d'abord reçu de vous. Accueillez donc favorablement la musique faite sur vos œuvres. Au premier abord, elle vous paraîtra peut-être bizarre; vos poésies, m'ont, au début, causé cette même impression, mais à mesure que je m'en imprégnais davantage, ma musique prenait peu à peu un caractère de plus en plus étranger. C'est donc vous seul qui êtes cause de tout, car sur des poésies d'Andersen, il faut composer autre chose que : « Fleuris, chère petite violette.... »

Ma femme m'a tant parlé de vous, et je me suis fait raconter tant de détails par elle, que je vous reconnaîtrais, je crois, si je vous rencontrais par hasard. Vous m'étiez d'ailleurs déjà connu par vos œuvres, par votre « Improvisateur, » par vos « Récits au clair de lune » et par votre inappréciable « Violoniste, » le plus précieux que j'aie trouvé dans la littérature allemande en dehors du [1]... d'Immermann. Si j'avais seulement une traduction complète de vos plus petites poésies : un musicien doit certainement y trouver plus d'une perle.

Que le ciel vous conserve encore longtemps à vos amis et à vos admirateurs, au nombre désquels je vous demande la permission de me compter.

Votre très dévoué

R. Schumann.

A Ferdinand David, à Leipzig.

(non datée) octobre 1842.

Mon cher David,

Voici la symphonie dont, en toute confiance, je

---

1. Mot resté en blanc dans la lettre.

remets la direction entre vos mains. J'aurais été très
heureux si vous eussiez encore tenu le premier violon et si Mendelssohn eût pu diriger l'orchestre ;
mais le retour de Mendelssohn ici est, d'après ce que
l'on me dit, devenu douteux, parce qu'il a accepté
d'organiser une nouvelle série de soirées sympho-
niques à Berlin, et puis Mendelssohn s'est dévoué
avec tant d'amitié à l'exécution de ma première symphonie, que lui demander de l'étudier encore une fois
serait réellement abuser de sa bonté. Mais, vous
serait-il possible à la fois de jouer et de diriger ? Pour
moi, il me semble que c'est ce qu'il y aurait de mieux ;
l'orchestre connaît déjà bien la symphonie et s'y
retrouvera rapidement. Et si vous pouviez faire que,
dans ce même concert, il n'y eût pas un autre morceau d'orchestre trop long et trop compliqué, il reste-
rait encore assez de temps pour les répétitions ; je laisse
à votre amical jugement le soin de décider la chose.
Nous nous entendrons verbalement au sujet de
quelques passages de la symphonie, particulièrement
la première phrase.

Le passage que j'ai attribué aux cors est, partout
où j'ai entendu la symphonie, sorti d'une façon trop
sourde : à la première exécution, cela m'avait paru
sonner suffisamment ; j'ai donc laissé imprimer cette
indication ; maintenant je préférerais mettre des trom-
bones, comme j'avais du reste voulu le faire d'abord ;

en tout cas, nous essaierons, cette fois, avec des trom-
bones.

Hærtel imprime mon quatuor; il m'apprend combien vous en avez dit de bien, et cela m'a réjoui, venant de vous. Il faut que je fasse toujours mieux, mais
à chaque nouvelle œuvre, il me semble que j'ai tout
à rapprendre.

A Franc Liszt, à Berlin.

Leipzig, 3 janvier 1843. .

Mon cher ami,

Un affectueux souvenir et des souhaits de bonheur
pour l'année 1843, voilà ce que je vous envoie par
notre gracieuse amie Elise (List), qui vous parlera de
nous plus en détail. Peut-être nous verrons-nous bientôt à Berlin. Ecrivez-moi aussitôt que possible jusqu'à
quelle époque vous y resterez. Nous avons grande
envie d'y aller, mais seulement à partir du 12. Ma
femme désirerait y donner une soirée; seriez-vous
assez aimable pour jouer un duo avec elle? Il va sans
dire qu'elle se met à votre disposition pour votre concert. J'ai écrit un quintette que ma femme exécutera à
Berlin; je serais heureux que vous pussiez l'entendre.

Il donne une impression de fraîcheur. J'ai terminé aussi un quatuor avec piano et un trio qui n'ont pas encore vu le jour. Je mettrai tout cela en ordre avant notre arrivée à Berlin, pour que vous en puissiez prendre connaissance. — Je sais que vous vous intéressez beaucoup à ma musique et que vous ne m'accuserez pas, pour cela, d'être prétentieux.

Je suis certain que vous prêterez votre appui à Mlle Elise ; c'est une noble jeune fille. Si seulement elle avait la possibilité de chanter souvent en public ! Il lui manque encore de l'assurance, de la hardiesse et de l'habileté, qualités indispensables au virtuose. Mais vous jugerez mieux de tout cela vous-même.

Adieu, mon cher Liszt ; recevez les amitiés de ma femme et répondez-nous deux mots sans tarder.

A vous comme toujours.

R. Schumann.

A. C. Kossmaly.

5 mai 1843.

Mon cher ami,

Cette lettre sera un peu décousue, parce qu'une bande de musiciens forains souffle et hurle sous mes fenêtres ; il y a aussi un grand branle-bas dans la mai-

son même — demain sera baptisée notre seconde
petite fille — et pourtant il faut que je vous écrive, à
vous qui pensez toujours si gentiment à moi. Merci
de vos jolis Lieder, je vous ferai savoir mon opinion sur eux par le journal et ce sera bientôt.
Faites-vous donc imprimer davantage et venez vous
installer à Leipzig. On ne sait encore rien de certain
sur les changements qui doivent avoir lieu au théâtre.
— On dit qu'un Dr Schmidt doit en prendre la direction; je le connais un peu, et lui parlerai de vous
en temps utile.

J'ai beaucoup produit depuis que nous ne nous
sommes vus.

Pensez-vous faire jouer à Detmold mes trois quatuors qui ont paru? Je le désirerais beaucoup. Il paraîtra bientôt un quintette pour piano, un quatuor et
bien d'autres choses encore.

En ce moment je suis plongé dans un grand travail, le plus grand que j'aie entrepris jusqu'ici — ce
n'est pas un opéra, mais une œuvre d'un genre tout
nouveau, je crois, pour le concert : « Le Paradis et la
Péri; » j'y apporte toute mon activité, et j'espère
encore l'avoir terminée dans le courant de l'année.

Je joins à ma lettre, non sans quelque appréhen-
sion, un paquet de compositions, plus anciennes.
Vous découvrirez facilement ce qui leur manque en
maturité; la plupart reproduisent ma vie mouvemen-

tée d'autrefois; l'homme et le musicien cherchaient à s'épancher en même temps, et il en est encore ainsi à présent, bien que j'aie appris à maîtriser et mes pensées et mon art.

Votre cœur sensible et compatissant saura démêler combien de joies et de peines sont ensevelies dans ce petit tas de notes.

. . . .

. . . .

. . . .

D'après ce que j'entends, le public s'intéresse davantage à mes œuvres, même aux anciennes; les scènes d'enfants et les Fantaisies, que je ne peux, hélas! pas vous envoyer, obtiennent un grand succès. Et les temps aussi ont changé. Il m'était indifférent qu'on s'occupât de moi ou pas, mais quand on a femme et enfants, il en est tout autrement, — on a le devoir de penser à l'avenir et de recueillir le fruit de son travail, non le fruit artistique, mais le fruit plus prosaïque qui assure la vie de tous les jours; c'est la grande renommée qui seule le fait mûrir.

Ne mettez pas sur le compte de l'orgueil l'envoi de ces anciens morceaux; et croyez que je vous serai reconnaissant d'en dire amicalement quelques mots. J'ai toujours méprisé l'artiste qui, au moment où la feuille sort encore tout humide de l'imprimerie, se hâte de l'envoyer par la poste à toutes les rédactions.

Mais à quoi bon toutes ces paroles? Vous me connaissez et vous me comprenez. . . . .

. . . .

Voilà ma confession. Vous trouverez bien, sans que je vous le signale, que Bach et Jean-Paul ont eu autrefois, la plus grande influence sur moi. Mais depuis, j'ai su acquérir plus de personnalité. . . . . .

Gardez en souvenir de moi les morceaux qui vous auront le mieux plu. Ecrivez-moi bientôt.

Votre

R. Sch.

A Johannès Verhulst, à La Haye.

Leipzig, 19 juin 1843.

Enfin! mon cher Verhulst. J'ai pensé à toi plus de cent fois. Tu sais qu'un musicien écrit plus volontiers des notes que des lettres, et durant ces derniers trois mois, j'ai écrit beaucoup de musique. Nous en parlerons tout à l'heure. Reçois, avant tout, mes remercîments pour ta lettre si cordiale, qui te montre à moi, tout comme si j'avais ton portrait devant mes yeux. Ton amitié me juge favorablement, et cela me réjouit au milieu du travail sérieux auquel je me suis consacré. Tu connais mes sentiments à ton égard ; j'espère

qu'ils resteront encore longtemps les mêmes entre
nous deux. Il était facile de prévoir que ta patrie te
distinguerait et t'honorerait. Je forme des vœux pour
ta décoration.... Puisse un cœur d'artiste battre toujours sous le « lion[1] ! » C'est la chose la plus importante. Tu es encore jeune, et si intelligent, si rempli
de belles pensées, que tu t'élèveras encore. Je me réjouis à l'idée de recevoir ton nouveau quatuor ;
arrange-toi pour que nous l'entendions sans tarder
dans l'Inselstrasse. — Ecris-moi vite pour me parler
de tes projets, et dis-moi si tu comptes venir bientôt à
Leipzig.

Tu m'as manqué bien des fois — chez Poppe — et
dans mes promenades. Personne ne comprend comme
toi mes pensées et mes opinions, aussi m'arrive-t-il
souvent de rester assis, le soir, durant des heures
entières, sans parler, sans pouvoir m'épancher, comme
j'avais le plaisir de le faire avec toi !

Chez Kirchner seul, je trouve une vibrante âme
d'artiste ; mais il est encore trop jeune pour que je
puisse aborder avec lui certains sujets : cela lui serait
plus nuisible qu'utile.

Je t'ai déjà écrit que nous faisons beaucoup de musique, l'hiver, et que nous jouons souvent de mes nouvelles œuvres : tu trouveras des parties qui te plairont,

---

1. Allusion à la décoration de Verhulst (Lion de Hollande).

dans mon quintette et dans mon quatuor; ils sont empreints d'une vie intense. Je n'ai pas encore entendu
le Trio (en la bémol); il est tout autre, d'une nature
plus délicate; nous l'essayerons quand Rietz, qui joue
du violoncelle (et qui est un être exquis et un excellent musicien) sera de retour. Je n'ai entendu qu'une
fois les Variations pour deux pianos; cela n'a pas particulièrement bien marché; une chose de ce genre a
besoin d'être travaillée. La tonalité en est élégiaque;
je crois que j'étais très mélancolique, à l'époque où je
les ai composées. Maintenant, j'arrive au point le plus
intéressant : j'ai terminé « Le Paradis et la Péri » vendredi dernier; c'est mon ouvrage le plus important et
j'espère que ce sera le meilleur! J'ai mis le mot :
« *Fin* » au bas de la partition avec un cœur plein de
gratitude envers le Ciel, qui a soutenu suffisamment
mes forces pour que je puisse achever mon œuvre. Ce
long travail vient de me faire comprendre ce que c'est
que de mener à bien une pareille entreprise en si peu
de temps ! Je crois t'avoir raconté l'histoire de la Péri;
sinon, cherche à te la procurer : on la trouve dans
Lalla-Rookh de Thomas Moore; on la croirait écrite
toute exprès pour être mise en musique. La donnée en
est si poétique, si pure, qu'elle m'a transporté. L'ensemble occupera toute une soirée, et j'espère que Dieu
me permettra de la faire exécuter, l'hiver prochain,
dans un concert donné par moi, et peut-être même de

la diriger. — *En tout cas, il faut que tu sois ici.* Je pense que mon activité va de nouveau exciter ton admiration, et que tu jetteras sur moi de joyeux regards.

J'aurais encore bien des choses à t'écrire, mais il est presque impossible de les rassembler dans une lettre. Chez moi, tout va bien; ma Clara m'a donné une seconde fille, le 25 avril; elle est toujours en bonne santé et t'envoie ses amitiés. Notre petite aînée nous donne chaque jour plus de joie; elle grandit de corps et d'intelligence. Il y a eu aussi réconciliation entre Clara et le vieux Wieck, ce qui me fait plaisir pour Clara; il a cherché également à renouer avec moi. Cet homme n'a aucune espèce de sens moral, autrement il n'aurait jamais osé hasarder une pareille démarche! Tu le vois, notre ciel s'éclaircit; je m'en réjouis pour Clara.

Je vois Mendelssohn tantôt souvent, tantôt rarement. Il est très travailleur, moi aussi, et il s'écoule parfois des semaines, sans que nous arrivions à nous voir. Le Conservatoire nous occupe tous beaucoup maintenant; cela aura, je pense, des conséquences remarquables pour l'avenir de l'art musical en Allemagne. Kirchner s'est fait admettre comme élève; il possède évidemment un talent de production supérieur à celui de tous les autres.

A Carl Schumann, à Schneeberg,

Riga, 6 février 1844. Mardi soir.

Mon cher Carl,

Nous sommes arrivés ici, ce matin de bonne heure,
bien portants et heureux, après un agréable voyage,
si agréable que nous rions nous-mêmes du tableau
pénible qu'on nous en avait fait. Je ne peux pas te
dire aujourd'hui tout ce que nous avons vu et appris
d'intéressant en route, avec quelle aimable et gracieuse hospitalité on nous a reçus. Mais quand nous
serons de retour, nous consacrerons toute une soirée
à ce récit.

Nous avons un ardent désir de revoir nos chers
enfants, mais nous les savons très bien gardés chez
vous; nous nous reverrons d'ailleurs tous bientôt, à
la fin de juillet. Quelle joie quand notre voiture s'ar-
rêtera à votre porte, et que nos petits anges viendront
à notre rencontre avec un sourire! Peut-être serons-
nous déjà rentrés à la fin d'avril; mais peut-être aussi
irons-nous encore de Pétersbourg à Stockholm, et,
dans ce cas, nous ne reviendrions qu'à la fin du mois
de mai. De Pétersbourg, nous te tiendrons exactement
au courant de nos projets.

Nous avons donné deux concerts à Kœnigsberg;

nous en donnerons deux aussi à Riga, vendredi pro-chain, et probablement mardi.

D'après tout ce que j'entends, je conclus qu'il y a beaucoup d'argent à gagner en Russie, mais aussi beaucoup à dépenser. L'argent s'envole littéralement de la poche; tout coûte ici presque le double de chez nous, et à Pétersbourg, le quadruple.

Clara est étendue sur le canapé, très fatiguée de son travail des jours passés; c'est pour cette raison que c'est moi qui vous écris, malgré le projet qu'elle avait formé d'écrire elle-même à Pauline.

Nous pensons arriver à Pétersbourg le 21 (suivant votre calcul). Répondez-nous tout de suite au reçu de cette lettre; nous recevrons la vôtre à Pétersbourg.

Nous attendons avec impatience des nouvelles des enfants; adressez vos lettres à Adolphe Henselt, pre-mier pianiste de Sa Majesté l'Empereur. J'espère que ces quelques lignes vous trouveront en bonne santé. Nous vous écrirons plus en détail de Pétersbourg : nous voulons seulement vous apprendre aujourd'hui que, jusqu'à présent, le voyage marche bien et que nous avons le meilleur espoir d'une heureuse conti-nuation.

Nous vous embrassons, ainsi que les enfants, avec une profonde tendresse.

Ton fidèle frère,

Robert SCHUMANN.

A Frédéric Wieck, à Dresde.

Saint-Pétersbourg, 1er avril 1844.

Cher père,

Si nous ne répondons qu'aujourd'hui à votre affectueuse lettre, c'est parce que nous désirions pouvoir
vous entretenir du résultat de notre séjour ici. Nous y
sommes depuis quatre semaines ; Clara a donné quatre
concerts et a joué chez l'Impératrice ; nous avons fait
d'excellentes connaissances, vu beaucoup de choses
intéressantes, chaque jour apportant du nouveau. Et
nous voici arrivés à notre dernière journée avant notre
départ pour Moscou ; nous pouvons, en regardant en
arrière, être tout à fait satisfaits du but atteint. Que de
choses j'aurai à vous raconter, et combien je m'en
réjouis ! Nous avons commis une erreur capitale en
arrivant ici trop tard. Il faut, dans une grande ville,
de nombreux préparatifs ; à Pétersbourg tout dépend
de la cour et de la « *haute volée ;* » la presse n'exerce
qu'une très petite influence. De plus les représentations
de l'Opéra Italien étaient en plein succès. Pauline
Garcia faisait fureur : par suite, il arriva que la salle des
deux premiers concerts ne fut pas remplie ; au 3e elle le
fut bien davantage, et au 4e au Théâtre Michel, elle fut

très brillante. Tandis que, pour d'autres artistes, même pour Liszt, le succès allait toujours en décroissant, pour Clara, il a grandi sans cesse, et elle aurait pu donner encore quatre concerts si la semaine sainte n'était pas venue à la traverse, et si nous n'avions pas dû penser aussi au Voyage à Moscou.

Nos meilleurs amis furent naturellement les Henselt, qui nous ont accueillis avec la plus grande affection; ensuite les deux Wielhorsky, deux hommes excellents, surtout Michel, véritable nature d'artiste, et certainement le dilettante le plus génial que j'aie jamais rencontré. Tous les deux sont très influents à la cour, et sont reçus journellement auprès de l'Empereur et de l'Impératrice. Clara nourrit, je crois, une passion silencieuse pour Michel qui, soit dit en passant, est déjà grand-père; c'est donc un homme de plus de 5o ans! mais aussi frais de corps et d'âme qu'un jeune homme. Nous avons aussi un protecteur affectueux en la personne du prince d'Oldenbourg (neveu de l'Empereur), ainsi qu'en sa femme qui est la douceur et la bonté mêmes. Ils nous ont fait hier visiter eux-mêmes leur palais. Les Wielhorsky ont eu l'aimable attention de donner en notre honneur une soirée avec orchestre, où, après l'avoir fait répéter, j'ai dirigé moi-même ma symphonie. Je vous parlerai de Henselt, quand nous vous reverrons; il est toujours le même, et arrive à se suffire avec les leçons qu'il donne. Il n'y a pas moyen d'obtenir de lui qu'il joue en public; sauf chez le prince d'Oldenbourg où, dans une soirée, il a joué avec Clara mes Variations pour deux pianos.

L'Empereur et l'Impératrice se sont montrés très aimables pour Clara; il y a eu hier huit jours, elle a joué pendant deux heures à la cour devant une réunion familiale. La « Chanson du Printemps, » de Mendelssohn, est devenue le morceau favori du public; Clara doit le rejouer plusieurs fois dans tous les concerts, et a dû le répéter trois fois chez l'Impératrice, Clara vous dépeindra de vive voix les splendeurs du Palais d'hiver; M. de Ribeaupierre (l'ancien ministre plénipotentiaire à Constantinople) nous l'a fait visiter, il y a quelques jours; on se croirait transporté en pleine féerie des Mille et une nuits.

En dehors de tout cela, nous sommes très contents; nous avons reçu d'excellentes nouvelles des enfants.

Imaginez ma joie : mon vieil oncle est encore en vie[1]! Dans les premiers temps de notre séjour ici, j'ai fait la connaissance du gouverneur de Twer, à qui j'en ai parlé, et qui m'a déclaré le connaître très bien. J'écrivis à mon oncle, et bientôt je reçus de lui et de son fils (commandant à Twer) la plus affectueuse réponse. Samedi prochain, il doit fêter son 70e anniversaire, et j'espère que nous serons à Twer, à ce

1. Le docteur Schnabel, médecin militaire, frère de la mère de Schumann.

moment-là. Quelle joie pour moi, et aussi pour le vieillard qui n'a jamais eu auprès de lui un seul parent !

On nous a fait peur du voyage d'ici à Moscou ; mais au fond, vous pouvez nous en croire, on ne voyage en Russie ni plus mal ni mieux qu'ailleurs, *plutôt mieux*, et je ris en pensant aux tableaux effrayants que mon imagination m'avait représentés à Leipzig ! — Par exemple, tout est très cher à Pétersbourg : une chambre coûte un louis par jour ; le café, un thaler ; le déjeuner, un ducat, etc. Nous pensons revenir par Pétersbourg dans quatre semaines à peu près ; aller ensuite à Reval par terre, puis, par le bateau, à Helsingfors, et, de là, par Abo à Stockolm, après quoi nous reviendrons dans notre chère Allemagne, en faisant le tour du canal jusqu'à Copenhague. Au commencement de juin, j'espère vous revoir, cher papa ; jusque-là, écrivez-nous souvent à Pétersbourg à l'adresse de Henselt, qui nous expédiera vos lettres.

Alwin (Wieck) nous a écrit plusieurs fois, il paraît ne pas avoir de chance ; nous aurons des détails à Reval. Mollique est de retour en Allemagne depuis hier ; son voyage en Russie a à peine couvert ses frais. C'est bien fait pour lui qui n'est jamais content de rien, réclame sur tout, et est, au surplus, un compagnon d'une très grande sécheresse de cœur.

Les musiciens d'ici se sont montrés très amicaux

pour nous; Henri Romberg surtout : ils ont refusé tout émolument pour leur participation au dernier concert; nous n'avons eu qu'à les faire chercher et reconduire en voiture, ce que nous avons fait avec le plus grand plaisir.

J'aurais encore beaucoup de choses à vous écrire; mais aujourd'hui nous avons tant de préparatifs à faire pour le voyage à Moscou, que la chose m'est impossible. Recevez donc ce peu de mots avec bienveillance, nos compliments les meilleurs à votre femme et à vos enfants, et gardez-moi votre affection.

R. S.

C'est aujourd'hui pour moi un petit jubilé — vous savez bien, le 10ᵉ anniversaire de la fondation de notre journal! Envoyez à Leipzig quelques-unes des choses ci-jointes, mais arrangez-vous, je vous en prie, pour que rien ne soit perdu. Les poésies intéresseront aussi le Dr Freges.

A Fr. Wieck.
(A la suite d'une lettre de Clara.)

Pétersbourg, vers le 15 mai.

Le ciel nous promet pour demain une belle journée de voyage; le temps est merveilleux, tous les arbres sont déjà verts. Ici les nuits sont d'une clarté enchanteresse, et le soir, on n'a pas besoin de lumière.

Nous avons passé hier une journée intéressante à Tsarskoé-Sélo, où nous conduisirent Romberg et le comte Wielhorsky. Le soir, nous allâmes chez la princesse impériale Hélène, qui nous avait invités. Clara joua divinement. La princesse (d'après ce que nous dit Henselt) fut pour nous ce qu'elle n'a jamais été pour aucun artiste. C'est une femme d'une essence vraiment royale, qui a tourné bien des têtes, et qui est remarquablement intelligente et instruite. Nous causâmes longuement de la possibilité de fonder un Conservatoire à Pétersbourg, et elle nous aurait volontiers retenus ici.

Nous avons renoncé au voyage de Suède; nous éprouvons un trop vif désir d'aller retrouver notre foyer et nos enfants. A la fin du mois, nous espérons, cher père, vous trouver à Leipzig. Dans notre voyage de retour, nous ne nous arrêtons qu'à Swinemünde pour aller à l'île de Rügen. . . . .

. . . .

Tous mes souvenirs affectueux à votre femme et à vos enfants. Puissions-nous nous retrouver tous en bonne santé!

Votre

R. S.

Au professeur du lycée, D^r Em. Klitzsch,
à Zwickau.

Très honoré Monsieur,

J'ai si souvent entendu parler de l'activité musicale
que vous déployez dans ma chère ville natale, que je
crois pouvoir compter sur la sympathie avec laquelle
vous accueillerez cette lettre.

Depuis longtemps je forme le souhait de donner, un
jour, à la ville où je suis né une idée de ce que je suis
capable de faire, et je me demande s'il ne serait pas
possible d'y faire entendre ma Péri. En ce cas, je viendrais à Zwickau quelques jours avant l'exécution,
accompagné peut-être par quelques artistes amis, pour
diriger la répétition générale et la représentation.
Déduction faite des frais, je destinerais les bénéfices
réalisés à une œuvre qui m'est particulièrement chère.
En aucun cas, l'entreprise ne serait faite en mon nom ;
je ne veux que diriger les répétitions et l'exécution
finale[1].   .   .   , ...

1. Ce projet ne fut pas réalisé.

Au Dr Krüger.

(Sans date) Leipzig, octobre 1845.

Je suis coupable envers vous, et cette pensée m'a souvent tourmenté. Mais vous ignorez probablement à quel point j'ai souffert d'une maladie nerveuse générale qui s'est emparée de moi depuis environ trois mois, si bien que les médecins m'ont interdit tout effort, surtout intellectuel. Je me sens quelque peu mieux ; une lueur de vie m'est revenue, et je reprends de nouveau espérance et confiance. — Je crois que j'avais abusé de la musique, j'avais trop travaillé sur le Faust de Gœthe — si bien que l'esprit et le corps ont fini par me refuser le service. Dans les derniers temps je ne pouvais plus entendre de musique ; il me semblait qu'on me plantait des poignards en pleins nerfs.

. . . .

(Cinq semaines plus tard, à Dresde). Je souffre toujours beaucoup, et je suis souvent profondément découragé. Je n'ose pas travailler, je ne puis que me reposer et me promener — et mes forces défaillent depuis ces derniers jours. — O délicieux printemps, peut-être me les rendras-tu?... Nous nous sommes

fixés à Dresde pour tout l'hiver. Le médecin nous l'a conseillé, et d'ailleurs, depuis que Mendelssohn s'est éloigné de Leipzig, cette ville nous attire moins, au point de vue musical. Et cependant, elle reste la ville la plus importante sous ce rapport, et je conseillerai à tout jeune talent d'y aller, car c'est là qu'on entend la meilleure musique.

Le Faust me préoccupe toujours. Que penseriez-vous de l'idée de traiter tout l'ensemble en oratorio! N'est-elle pas hardie et belle? Actuellement je ne puis qu'y *penser*.

A Niels. W. Gade, à Leipzig.

Dresde, le 28 décembre 1844.

Cher Gade,

Ce matin, en mettant ma musique en ordre, j'ai trouvé votre souvenir accompagné de vos aimables lignes. Dans le tohu-bohu du déménagement, notre hôtesse avait oublié de nous parler de votre visite! Recevez tous mes remerciements pour la symphonie (en mi mineur); je l'ai relue avec un nouveau plaisir; vous m'avez rafraîchi, vous, « tueur de dragons! » Vous avez quelque ressemblance avec David (celui de la Bible, bien entendu). Savez-vous comment Gœthe définit les Philistins ?

> Qu'est-ce qu'un Philistin ?
> Un boyau creux,
> Rempli de crainte et d'espérance,
> Que Dieu prend en pitié !

Voilà une définition de choix. Les exemples de cette sorte abondent, parmi les musiciens : ils se craignent mutuellement ; ils ne peuvent pas se dire un mot de vérité. Dieu merci, on trouve encore quelques bonnes exceptions. . . . .

Nous vivons ici dans un repos complet qui me fait du bien. — J'ai pourtant recommencé à travailler ces temps derniers ; ce sont des plans d'opéra qui continuent à me hanter. Vous portez-vous bien ? Pensez-vous quelquefois à nous ? Vous aviez parlé de faire entendre quelque chose de « la Péri ; » j'en serais très heureux, et je viendrais y assister. Mais je crois que la première ou la deuxième partie sont trop courtes ; elles ne durent pas plus de 20 minutes. Il faudrait les réunir ; elles rempliraient alors la moitié d'un concert. Si vous voulez mes parties d'orchestre, je vous les enverrai. . . . .

Je me réjouis d'entendre votre Ouverture ; ce sera un régal de gourmet, après la quantité de nouveautés ternes et sans valeur qu'on nous présente. Cher Gade, vous êtes un délicieux poète (en plus d'un tueur de dragons). Vous ne vous êtes pas inutilement promené dans les forêts de hêtres et sur le rivage des mers!

Je m'arrête. Pensez avec amitié à votre

R. Schumann.

A H.-C. Andersen, à Copenhague.

Dresde, 14 avril 45.

Je vous envoie mes souvenirs par Gade; ah! si je pouvais le suivre dans le Nord ; mais je suis encore attaché à la glèbe. Depuis que nous nous sommes vus, mon digne ami, j'ai cruellement souffert d'une maladie nerveuse qui ne voulait pas me lâcher, et dont je ne suis pas entièrement remis. Je sens pourtant que le printemps qui s'approche me ramène quelque peu de force; j'espère qu'il fera mieux encore.

Je n'osais ou ne pouvais travailler, mais j'ai beaucoup pensé, entre autres à votre « Fleur de bonheur. » Oserai-je vous rappeler que, dans votre si aimable réponse de Berlin, vous m'aviez promis de m'en faire connaître l'esquisse!

Peut-être a-t-elle déjà paru? Et que faites-vous? Avez-vous écrit de nouveaux contes, de nouvelles poésies? L'Espagne vous attire-t-elle encore dans le lointain? Pouvons-nous espérer vous accueillir bientôt en Allemagne?

Quelle coïncidence surprenante de nous être trouvés un soir réunis chez moi, un poète, une cantatrice, une pianiste et un compositeur; cela reviendra-t-il bientôt?

Connaissez-vous la « Petite Barque » de Uhland?

> Quand nous rencontrerons nous
> Dans un même endroit?

Cette soirée restera toujours présente à ma mémoire.

Ma femme vous envoie toutes ses amitiés, elle m'a donné encore une fille, il y a cinq semaines, c'est notre troisième. Cet été, nous resterons dans la jolie ville de Dresde. Gade a écrit une nouvelle ouverture, c'est un morceau tout à fait génial : les Danois peuvent être fiers de ce remarquable musicien. Hellsted est, lui aussi, plein de talent. Puis-je espérer une réponse de vous, peut-être aussi la « Fleur du bonheur? » — Alors, écrivez-moi à Dresde! Si je puis vous être utile à quelque chose en Allemagne, prenez-moi comme votre secrétaire, j'accepterai ce poste avec plaisir.

Votre très respectueux

Robert Schumann.

Connaissez-vous les poésies de Mme de Droste-Hülshoff? Elles me paraissent extrêmement bien.

A Félix Mendelssohn-Bartholdy,
à Francfort-sur-M.

Dresde, le 17 juillet 1845.

Peut-être nous verrons-nous bientôt. Nous avons le
vif désir d'aller assister aux fêtes de Bonn. Ecrivez-
nous si vous serez encore à Francfort, du premier au
8 août. — Pensez-vous toujours affectueusement à
nous? Pourrons-nous vous rendre visite souvent? Ah!
j'ai beaucoup de choses à vous conter : — comme
quoi j'ai passé un hiver épouvantable, avec une
dépression nerveuse intense, accompagnée de pensées
qui me mettaient hors de moi. — Maintenant la vie
me paraît plus riante, la musique chante de nouveau
en moi, et j'espère me remettre tout à fait. — Je
m'épancherai sur tout cela avec vous. Ecrivez-moi,
avant tout, si nous vous trouverons réellement à
Francfort, et aussi si vous croyez que Clara pourrait
y donner un concert ou jouer au théâtre. — Si nous
rattrapions nos frais de voyage, nous rentrerions doublement heureux à la maison; mais, si c'est impossible, ce ne sera pas un malheur. Avant tout, nous
serons heureux de voir le Rhin, le beau, le cher Rhin.
Nous entendons quelquefois parler de vous par les
Bendemann. Dernièrement, Clara a inauguré son

piano (un nouveau de Streicher), avec votre vieux, mais toujours jeune Caprice en mi, qui m'a fait songer à Leipzig et au jour où je vous l'ai entendu interpréter pour la première fois chez les Voigt. Les Bendemann sont toujours très gracieux avec nous, et à cause de cela, nous les estimons beaucoup. Il travaille de nouveau assidûment toute la journée. Il faut que la salle soit prête pour l'ouverture de la Diète. Hiller demeure à Pillnitz, où il compose beaucoup aussi. Je n'ai entendu que les deux premiers actes de son opéra (Conradin); il a traité le texte avec un sans-gêne incroyable; quant à la musique, je la considère comme la meilleure qu'il ait faite au point de vue du caractère et du style; elle est aussi plus chaude que celle de sa « Zerstörung; » il se dépêche pour entreprendre un second opéra. En dehors de lui, il y a ici peu d'artistes. Nous nous réjouissons beaucoup d'apprendre par vous ce que vous avez fait durant tout le temps où nous ne nous sommes vus. On nous a parlé « d'Œdipe, » de sonates pour orgue et d'un nouvel Oratorio.

Moi, je suis bien en retard et je ne pourrai vous montrer que peu de chose. Mais je sens que ma pensée n'est pas restée inactive, et une lueur plus rose vient me visiter de temps en temps. Mes forces entières vont revenir, et je pourrai de nouveau travailler.

Adieu mon très honoré Mendelssohn ; dites-moi bientôt par un mot si vous pensez toujours à votre dévoué

Robert SCHUMANN.

Tous nos souvenirs respectueux à votre femme ; nous comptons partir d'ici le 28 ; une lettre de vous nous atteindrait encore.

A Mendelssohn, à Leipzig.

(Sans date) fin septembre 1845.

C'était à moi de vous écrire pour vous remercier de votre si affectueuse visite et de beaucoup de vos paroles. Mais toute écriture me coûte encore tellement qu'il vous faut m'excuser ! Je me trouve cependant un peu mieux ; le conseiller Carus m'a engagé à faire de bon matin des promenades à pied qui me réussissent fort bien ; mais cela n'est pas encore suffisant, et j'éprouve chaque jour de folles démangeaisons en cent endroits différents ; souffrance mystérieuse qui échappe au médecin, dès qu'il croit arriver à la saisir. Enfin des temps meilleurs reviendront ; je regarde ma femme et mes enfants, et cela suffit pour me donner du bonheur.

Clara sera certainement à Leipzig pour le premier Concert et compte y jouer; mais nous nous sommes arrêtés au premier Concerto de Henselt, parce que nous avons l'idée de donner un peu plus tard un autre concert dans lequel Clara jouerait de mes œuvres. Elle me charge aussi de vous dire qu'elle ne désire jouer que ce seul morceau, attendu qu'il est aussi fatigant que deux, et très énervant; en un mot, elle ne se sent pas la force de jouer autre chose. Voulez-vous être assez bon pour le dire à la direction? Une répétition n'est pas indispensable et nous ne serons pas à Leipzig avant vendredi. Faites-nous savoir par un mot quand aura lieu la répétition.

Des trompettes sonnent violemment dans ma tête depuis quelques jours (Trompettes en Ut), je ne sais pas ce qu'il en sortira.

Mille amitiés,

Robert Schumann.

Dresde, 22 octobre 1845. Mercredi matin.

Excellent Mendelssohn.

Vous devez être maintenant plongé dans ma symphonie. Vous souvenez-vous encore de la première répétition, en 1841 — et des trompettes et des cors bouchés du prélude, qui résonnèrent comme un vrai rhume de cerveau; je ris encore en y pensant. Et

maintenant, laissez-moi vous remercier d'avoir songé
à ce morceau et de vous *redonner* tant de mal pour
lui. Je pense avec une joie profonde au premier soir
de son exécution ; comme la direction en a été admirable; jamais je n'en ai entendu une pareille. Peut-
être le pourrai-je demain; mais, pour cela, il me
manque encore l'esprit d'entreprise : je ne retrouve
toujours pas entièrement mes forces! le moindre
dérangement dans ma vie ordinaire me met hors de
moi et me cause un ébranlement maladif. C'est pourquoi, à mon grand chagrin, j'ai dû rester à la maison,
tandis que ma femme était auprès de vous. Je dois me
tenir à l'écart de tout ce qui est gaîté et joie. On me
dit toujours : espère, espère, — et je veux espérer.

Clara m'a raconté avec une vraie joie combien vous
avez été bon et tendre pour elle: vous savez qu'elle
est une de vos anciennes admiratrices, et qu'elle est
heureuse de recevoir vos témoignages élogieux. Elle
mérite vraiment les plus affectueux encouragements
pour son travail incessant, pour son noble labeur d'artiste toujours en progrès — et aussi pour son dévouement d'épouse — elle est un véritable don du ciel. Elle
est revenue tout heureuse de Leipzig, et elle ne m'a pas
caché que vous avez été la principale cause de ce
bonheur. Tout dernièrement, nous nous sommes
plongés dans votre sonate pour orgue — malheureusement sur le piano seulement. Même sans lire le titre,

nous aurions reconnu qu'elle était de vous; et je
retrouve partout cette aspiration toujours de plus en
plus élevée pour laquelle je vous ai sans cesse comme
modèle devant les yeux.

Je rencontre dans chacune de vos sonates ce véritable sentiment poétique qui complète la perfection du
tableau! Alors que je me figure, en étudiant ses
œuvres, voir Bach tenir l'orgue lui-même, quand je
pense à vous, je pense plutôt à une sainte Cécile. —
Comme il est charmant que justement votre femme
porte ce nom!

Les numéros 5 et 6 sont ceux qui m'ont paru les
meilleurs. Il est très vrai, cher Mendelssohn, que
personne n'écrit plus de ces harmonies de plus en plus
claires et pures. — Est-ce que je viens encore de faire
votre éloge? Me le permettez-vous? — Mais qu'est-ce
que le monde (et même beaucoup de musiciens)
entend à l'harmonie pure?

Wagner vient de terminer un nouvel opéra (Tannhäuser). Wagner est certainement un musicien spirituel, plein d'inventions folles et rempli d'audace,
pour qui l'enthousiasme de l'aristocratie date de
Rienzi; mais en réalité, il est à peine capable d'écrire et
de penser convenablement quatre mesures de suite. Ce
qui leur manque à tous, du reste, c'est la science de
l'harmonie et l'art d'écrire des chœurs à quatre voix.
— Que restera-t-il de cela dans l'avenir? Nous avons

la partition imprimée devant nous, — ce n'est qu'une suite de quintes et d'octaves ! — on voudrait bien les changer, les rayer, mais il est trop tard !

Allons, assez ! Cette musique n'est pas d'un cheveu meilleure que celle de Rienzi, plutôt moins brillante, plus exagérée. — Mais si on m'entendait m'exprimer ainsi, on dirait tout de suite : ah ! la jalousie ! Aussi ne le dis-je qu'à vous seul, parce que je sais que vous pensez ainsi depuis longtemps....

A Mendelssohn.

12 novembre 1845.

Cher Mendelssohn,

Etes-vous rentré dans le cours habituel de votre vie, après les journées fatigantes de Berlin, et l'*agitation des Tilleuls* a-t-elle fait place à la tranquille maison où l'on peut toujours frapper, certain qu'on y sera bien accueilli ? J'ai pensé à vous quand Joachim a joué votre Concerto pour violon ; il m'est impossible de faire la critique d'un tel morceau après une première audition ; je ne puis que me laisser aller entièrement à mes impressions — alors un véritable tableau se déroule devant mes yeux. Et que je voudrais pouvoir le peindre ! Je suis sûr que vous aimez aussi ce Concerto ; d'ailleurs personne ne comprend et n'apprécie la musique d'une composition, comme celui qui l'a écrite, et vous aurez évidemment été ravi des clarinettes de la Fin et des *Tutti*.

Je voudrais aussi vous parler un peu de mon Concerto; mais comme je préférerais que vous pussiez l'entendre! Ne serait-il pas possible de le faire encore passer dans un concert d'abonnement? Cette idée nous est venue hier. Ce serait très bien si on pouvait le caser dans le prochain, *mais pas plus tard*. Si les programmes sont déjà arrêtés définitivement, faites-nous-le savoir, sans en parler à la direction n'est-ce pas?

Dans l'ouverture, j'ai terminé le scherzo et le final, j'ai beaucoup travaillé ce dernier, et il me paraît bien meilleur. Je vous l'apporterai à Leipzig, quand nous nous y rendrons.

Nous avons encore à vous remercier pour votre duo; je l'ai savouré à nouveau, et ma femme voudrait bien vous demander quelque chose; l'autorisez-vous à en faire une copie?

Hiller est très pris par les concerts d'abonnement; il est plein d'ardeur et paraît très heureux. Ah! comme cela m'attriste souvent de devoir rester inactif à ses côtés! J'ai essayé l'autre jour de diriger, mais j'ai dû y renoncer; cela m'énervait trop. Cependant, l'ensemble de ma santé est bien meilleur que lorsque vous étiez ici; je me sens plein de force au travail.

. . . .

Je vous entretiendrai peut-être bientôt de vive voix de Tannhäuser : je retire beaucoup du jugement que j'avais porté lors de la première lecture de la partition. — Sur la scène, cela fait un effet tout différent, et j'ai été vivement impressionné par de nombreux morceaux.

Encore un affectueux souvenir.

Robert Sch.

Dresde, 18 novembre 1845.

Cher Mendelssohn,

Nous avons été bien heureux de votre acceptation, et nous espérons être à Leipzig pour le concert de lundi. Du fond du cœur, je me réjouis de vous voir.

Clara voudrait jouer, en plus du Concerto : l'Impromptu de Hiller et deux romances sans paroles du 6e cahier, celle en mi et celle en ut, qu'elle a déjà jouées la dernière fois. — Si nous ne vous écrivons pas autre chose, nous considérons cela comme décidé.

Mon Concerto se divise en *Allegro affettuoso*, *Andantino* et *Rondo*. Les deux derniers morceaux s'enchaînent. — Vous pourriez peut-être l'indiquer sur le programme.

Wagner nous a soumis hier, à notre grand étonnement, le texte de son nouvel opéra : Lohengrin.

Je l'ai lu avec d'autant plus de surprise que depuis une année déjà, je songeais à un sujet analogue, du temps de la Table-Ronde. Il ne me reste plus maintenant qu'à jeter mon travail au panier. — Le livret a plu au plus grand nombre, surtout aux peintres.

Nous nous réunissons maintenant une fois chaque semaine. — Bendemann, Rietschel, Hübner, Wagner, Hiller, Reineck et moi — On trouve toujours quelque chose à conter ou à lire, et ces réunions sont très animées.

Verhulst part demain matin pour l'Italie. Il n'est jamais en repos et ne sait pas rester en place. . .

. . . .

Merci de vous être dérangé pour le « Clavier bien tempéré. » — S'il n'y en avait pas d'exemplaires à la bibliothèque de Berlin, il me faudrait m'adresser à Dehn, ce dont j'ai fort peu le désir. Maintenant, recevez mes compliments les meilleurs — je vous écrirai bientôt, ne pourrions-nous pas le faire de temps en temps, même sans nécessité urgente ? Si notre amitié était du vin, les années l'auraient déjà bonifiée (il y a aujourd'hui 10 ans de Rosenthal). — Peut-être penserez-vous comme moi et m'écrirez-vous bientôt ?

Les plus affectueux compliments de ma Clara.

Votre dévoué

R. Schumann.

A H. Dorn.

Dresde, 7 janvier 1846.

Très honoré ami,

Vous pouvez penser avec quel plaisir nous ferions entendre ici votre symphonie ; mais nos concerts ne sont encore que le début d'une œuvre qui sera excellente, et cet hiver nous n'en aurons que six en tout, dont les trois, déjà donnés, ne renferment pas plus de symphonie de Mozart, que d'autres plus nouvelles. Les trois derniers, dont le programme est déjà arrêté, comprennent la symphonie en mi majeur de Mozart, la « Weihe der Tone, » puis celle de Gade. Avec la meilleure volonté du monde, il me serait impossible de réussir dans une nouvelle demande adressée au directeur.

Je voudrais que vous vissiez le Tannhaüser de Wagner. Il renferme cent fois plus de profondeur et d'originalité que ses premiers opéras — unies, toutefois, à certaines trivialités musicales. En résumé, Wagner peut prendre une grande place au théâtre, et tel que je le connais, il aura l'audace nécessaire pour y réussir. Je trouve sa technique et son instrumentation parfaites, supérieures, sans aucune comparaison, à ses œuvres précédentes. Et il a déjà terminé un nouveau poème : « Lohengrin. »

... Ma femme a fait imprimer un cahier de fugues ; je voudrais qu'elles fussent connues de vous, ainsi que mes études pour pédalier (op. 56), vous ne les trouverez peut-être pas indignes de votre ancien enseignement. D'ici peu, vous entendrez beaucoup de choses nouvelles de moi.

Encore mes souvenirs de cœur ; pensez toujours à nous avec bienveillance.

Votre dévoué

Robert SCHUMANN.

A Louis Meinardus, au collège de Jever.

Dresde, le 3 septembre 1846.

Mon jeune ami,

Vous devez me trouver peu aimable de vous faire tant attendre ma réponse. Mais, au bord de la mer (à Norderney), tout effort m'était interdit et s'interdisait de lui-même. — Je souffre tant, depuis longtemps déjà, que souvent il m'est impossible d'achever une lettre commencée. Soyez donc indulgent pour la si tardive réponse faite à vos chères lignes qui m'ont été si douces dans la monotonie de ma vie balnéaire. Je me suis beaucoup occupé de vous et j'ai souvent relu votre lettre en me réjouissant de la jeune ardeur et des vues claires et pratiques que vous témoignez. Tout bien pesé, je veux cependant vous faire quelques objections avant que vous ne preniez un parti décisif. Je me suis trouvé dans une situation analogue à la vôtre ; j'avais, moi aussi, affaire à une mère pleine de sollicitude, de plus, j'avais à lutter contre les préjugés d'une petite ville. Mais des circonstances favorables vinrent à mon aide pour alléger de si pénibles angoisses. Il arriva ce qui devait arriver : je devins musicien et ma mère fut heureuse de me savoir heureux. Mais, sans ces circonstances favorables, qui sait ce qu'il serait advenu de moi et si je n'aurais pas subi le triste sort des musiciens que le manque de fortune force à renoncer à l'art ?

Je ne puis vous dire combien il me peine d'attirer justement votre attention sur le passage de votre lettre dans lequel, avec tant de franchise et de confiance, vous m'exposez votre situation. Vous avez compris vous-même la grande importance qu'il y avait à ce que je fusse mis au courant. Aurez-vous le courage de supporter le long espace de temps qui devra s'écouler jusqu'à ce que vous trouviez une situation vous mettant à l'abri des soucis matériels ? — d'endurer mille privations, des découragements fréquents ? — de ne pas regretter le sacrifice de votre jeunesse et de votre force créatrice ? — D'autre part, il me semble que vous exagérez peut-être un peu l'étendue de vos connaissances : vous aurez encore à apprendre tant de choses que de jeunes musiciens de votre âge n'ignorent plus depuis longtemps ! — tant de travail ardu en perspective !... Que vous puissiez alors devenir un compositeur de talent, — peut-être même de grand talent, — je le crois, d'après la virtuosité que me révèlent vos compositions, mais la voix de l'avenir ne parvient pas jusqu'à nous, — nul ne peut rien affirmer.

Je me résume : si vous aimez l'art comme vous l'avez toujours aimé, exercez-vous sans relâche et mettez au jour tout ce que votre imagination pourra produire ; attachez-vous aux grands modèles, aux grands maîtres, par-dessus tout à Bach, à Mozart et à Beethoven, et suivez aussi avec attention tout le mouvement musical actuel. Puis, ne vous décidez qu'après le plus sérieux des examens à suivre la vocation vers laquelle votre cœur se sent attiré. — Ou bien, si vous ne vous trouvez pas assez résistant pour supporter tant d'efforts et de peines, cherchez un terrain plus assuré que vous pourrez toujours embellir par les images de votre fantaisie et des artistes que vous préférez.

Même dans ce cas, je serai heureux que vous me conserviez un amical souvenir semblable à celui que me laissera la lecture de votre lettre. Tenez-moi plus souvent au courant de vos travaux et écrivez-moi prochainement quelles sont vos décisions et si ma lettre y a contribué.

Votre dévoué

Robert SCHUMANN.

A Mendelssohn.

Dresde, 27 octobre 1846.

Cher Mendelssohn,

Si le copiste tient parole, j'espère avoir pour le troisième concert ma Symphonie (en mi majeur) terminée : ce me serait une grande joie. S'il est possible que vous ayez une épreuve mardi, nous vous arriverons lundi, sinon, mardi seulement. Envoyez-nous un mot de réponse. Pas de Concerto de ma façon. Clara a si brillamment clôturé avec celui en sol majeur, qu'il vaut mieux s'en tenir là. Si vous voulez encore, ainsi que vous le désiriez, jouer de plus à ce cinquième concert le triple Concerto de Bach, Clara serait très heureuse d'être la troisième pianiste, — si vous n'avez engagé personne d'autre. —

Nous gardons encore le souvenir des bons jours

passés ensemble à Leipzig; tout est si mort ici, en comparaison !

Depuis le jour où elle a joué à Leipzig, Clara a dans le bras droit une douleur qui vient peut-être du surmenage et qui, pour le moment, l'empêche de jouer. Si cela ne cesse pas, elle ne pourra pas faire sa partie dans le triple Concerto; je vous le ferais savoir à temps, pour que vous puissiez faire le changement nécessaire.

Adieu, cher Mendelssohn; nous vous saluons de tout cœur, et moi, je salue aussi votre petit cabinet de travail, que je préfère à tout autre.

Avec affection et estime, votre dévoué

R. Sch.

A M. K. Meinardus, à Jever.

Dresde, 28 octobre 1846.

Honorable Monsieur,

Excusez-moi de ne répondre qu'aujourd'hui à votre lettre : je voulais auparavant avoir causé de votre fils avec M. le chef d'orchestre Mendelssohn. La seule ligne à suivre dans l'intérêt de sa carrière artistique est, d'après moi, d'entrer au Conservatoire de Leipzig.

C'est, j'en suis convaincu, le chemin le plus rapide et le plus sûr. Les professeurs sont les maîtres les plus éminents (Mendelssohn, Gade, Moschelès, Hauptmann, David, etc.). On y entend la meilleure musique; et nulle part ailleurs, l'ardeur au travail et l'émulation ne peuvent être mieux éveillées que dans la fréquentation de jeunes gens poursuivant le même but; en un mot, il n'y a pas en Allemagne, et peut-être dans le monde entier, un endroit plus favorable que Leipzig à l'éclosion de jeunes musiciens. Maintenant j'ai parlé à Mendelssohn, en ce qui concerne l'obtention d'une bourse; mais malheureusement elles sont toutes accordées pour plusieurs années; il m'a donné cependant l'espérance d'une remise de paiement de la pension (c'est-à-dire que l'on donne à l'écolier la faculté de payer plus tard les 80 thalers annuels, et dans la plupart des cas, surtout quand les élèves sont méritants et font preuve de talent, on les en tient quittes). Avant de faire de nouvelles démarches, je vous prie de me faire savoir si ma proposition concorde avec vos vues, et si vous êtes disposé à aider votre fils suffisamment pour qu'il puisse vivre. Cela peut très bien se faire avec 180 à 200 thalers par an. — Quand il sera habitué à Leipzig, qu'il y aura quelques relations, il trouvera sûrement, s'il est travailleur, des occasions de gagner quelque argent. Mais il faut que vous preniez rapidement une décision, parce que nous partons d'ici, dans 15 jours environ, pour aller passer l'hiver entier à Vienne et que, de là-bas, je ne pourrais pas vous rendre service autant que je le voudrais. Recevez donc l'assurance bien sincère de ma sympathie pour l'avenir de votre fils, et donnez-moi vite l'occasion de vous être utile.

Votre dévoué

Robert SCHUMANN.

Au Dr Reuter, à Leipzig.

Prague, 3 février 1847.

Cher Reuter,

Vous serez peut-être heureux de savoir qu'ici tout marche bien pour nous. Il y a eu beaucoup de monde au premier concert, le deuxième (donné au théâtre dans l'après-midi, ce qui est une condition défavorable) fut moins suivi. Mon Concerto, cependant, a eu beaucoup de succès, et j'ai été forcé, ce qui n'a jamais été de mon goût, de monter sur les planches pour faire des courbettes au public.

La noblesse d'ici est extrêmement aimable. Trois lettres de la princesse Schönbùrg, de Vienne, nous avaient, paraît-il, chaudement recommandés. — De plus, nous avons trouvé une quantité d'amateurs de musique, enthousiastes et sympathiques, comme on n'en rencontre plus dans la Vienne blasée. Nous aurions volontiers prolongé notre séjour ici; mais le temps nous presse; il faut que nous soyons à Berlin d'aujourd'hui en huit, au plus tard.

Alors que tout allait au mieux pour nous, le « Signal » a fait paraître une note si méchante et si infâme qu'il n'est pas possible de l'attribuer à un autre qu'au vieux Wieck. Lisez-la; vous la trouverez, je crois, dans le numéro 24. Clara en était outrée. Je n'aurais jamais pensé que Senff consentît à laisser passer dans sa feuille une pareille note, qui vise à enlever d'un seul coup à une artiste de valeur, et son honneur, et sa réputation.

Mais soyons habiles, cher Reuter! Ne parlez pas à Senff de ces lignes, quitte, toutefois. à ne pas dissimuler vis-à-vis de lui la mauvaise humeur que vous partagerez certainement avec nous, et tâchez de savoir si la note vient réellement du vieux Wieck. Si cela n'est pas, j'en serai très satisfait — quoique je sois convaincu que lui seul a pu l'écrire. Et, pourquoi est-il de nouveau courroucé contre nous ? Parce que — comme il le dit sans doute — nous n'avons pas suivi ses conseils — parce que nous ne nous sommes pas abaissés à faire la cour à quelques misérables publicistes; — parce que nous n'avons pas proclamé à sons de trompe que Minna[1] est un phénomène ; — et aussi parce que, sur les programmes, Clara ne se fait pas appeler : *Clara Wieck-Schumann* en grosses lettres, — et enfin parce qu'il croit que nous avons barré la route, à lui et à Minna, auprès de la Lind ! Je vous en dirai davantage verbalement sur son arrogance extravagante ; mais je répète encore une fois que c'est honteux de la part de Senff, qui connaît Wieck, d'avoir accepté cet article.

Maintenant, assez sur ce lamentable sujet, je pense que nous nous verrons bientôt, et que nous parlerons de choses plus intéressantes ; nous donnerons un gai souvenir au temps passé, avec l'espoir d'un avenir encore meilleur.

Demain nous serons de retour à Dresde et, lundi soir probablement à Leipzig, où nous ne séjournerons que quelques heures, (vous en saurez le moment exact.) En attendant, présentez nos amitiés à nos amis et connaissances. — Communiquez à Wenzel l'article de la « Bohémia ; » mais rendez-le-moi, le jour de notre passage. Donc, à un prochain revoir.

Votre

Sch.

1. Minna Schultz, élève et pupille de Wieck.

Dresde, 5 février, de bon matin.

Nous sommes arrivés heureusement ici : Clara, toujours un peu déprimée par l'indigne article du « Signal[1]. » Elle n'a pas encore pu le digérer. Tâchez, cher Reuter, que Senff s'arrange pour trouver une solution convenable ; peut-être par la simple reproduction de l'article de « la Bohémia. »

Au Dr Franz Brendel, à Leipzig.

Berlin, 20 février 1847.

Cher ami,

J'ai eu un vrai chagrin de ne pas vous avoir vu lors de mon dernier passage à Leipzig. J'aurais eu tant de choses à vous dire, et j'aurais eu un si grand plaisir à vous entretenir de la situation musicale à Vienne ! Me voici maintenant transplanté rapidement du Sud au Nord. Il y aurait aussi beaucoup de choses à dire ici sur la situation, bien qu'elle soit meilleure qu'à Vienne dans son ensemble. Dans la fatigue du voyage, il me serait très difficile de vous donner des renseignements certains ; donc rien que quelques mots sur

1. Cet article blessant n'était pas de Wieck.

l'interprétation de « la Péri. » Elle fut montée *trop hâtivement ;* je ne voulais d'abord pas la diriger moi-même ; j'ai dû cependant le faire, pour éviter des complications encore plus considérables. Quelques-uns des chœurs ont marché admirablement ; l'orchestre a été à peu près suffisant. — mais les solistes ! surtout la Péri et le Ténor ! Dans une belle ville, en échange du prix des places payé par le public, offrir une représentation aussi défectueuse !... La faute en est imputable au caprice de deux artistes du théâtre, la Tüczek et M. Krauss qui, deux jours avant la représentation, se sont récusés d'une manière perfide, si bien que les parties de ténor et de soprane ont dû être tenues par deux amateurs ! C'est à peine s'ils donnaient les notes. — Il vaut mieux n'en pas dire plus long.

L'œuvre ainsi exécutée n'a pu être comprise que de quelques-uns. Son romantisme, son caractère oriental n'ont pu être entièrement appréciés. D'après ce que j'apprends, vous aurez l'occasion d'entendre la *Péri* à Leipzig, et je viens vous prier de prêter toute votre attention à cette aimable fée. Il y a du sang de mon cœur attaché à ce travail. Je voudrais notamment attirer votre attention sur deux reproches qui m'ont été faits : 1º l'absence de récitatifs, 2º l'enchaînement ininterrompu des morceaux. Ils m'apparaissaient à moi comme un véritable progrès.

Ces reproches, Rellstab, le Philistin par excellence,
me les a faits; il a néanmoins trouvé beaucoup de
bonnes choses. . . . .

. . . .

Hier au soir, au théâtre, je me suis soudainement
heurté contre... Berlioz; il est déjà reparti pour St-Pé-
tersbourg, où il va diriger l'exécution de certaines de
ses œuvres. . . . .

A bientôt le plaisir de vous voir.

    Votre

                        R. Sch.

A Frédéric Hebbel, à Vienne.

                       Dresde, 14 mai 1847.

Pardonnez la liberté que prend quelqu'un qui vous
est peut-être inconnu, de vous adresser une prière
dont la réalisation, qui est entre vos seules mains, lui
causerait une grande joie.

Après avoir lu votre Genoveva (je suis compositeur
de musique), j'ai trouvé que non seulement le poème,
mais aussi la pensée étaient admirablement propres à
un développement musical.

Plus je relus votre tragédie, qui n'a pas sa pareille
(permettez-moi de ne pas en dire davantage), plus je

sentis que sa poésie appelait la musique. Enfin, je m'entendis ici avec un poète très bien doué (Rob. Reinick) et, à son tour, saisi par la beauté extraordinaire du poème, il répondit rapidement à mon désir, qui était de lui voir appliquer toutes ses forces intellectuelles à le transformer en un livret d'opéra.

Deux actes sont actuellement en ma possession ; je recevrai les deux derniers dans quelques jours ; mais si grande que fût la bonne volonté de l'écrivain, son travail ne me satisfait que médiocrement. Avant tout, cela manque partout de force — et j'éprouve une grande répugnance pour le style habituel de l'opéra. — Je ne peux pas mettre de la musique sur de semblables tirades qui me déplaisent.

Enfin, désespérant de la réussite, il me vint à l'idée que la ligne droite était la meilleure, et je résolus de m'adresser au créateur lui-même, et de lui demander s'il voulait me donner son propre appui. Mais ne vous méprenez pas sur mes intentions, très honoré Monsieur, ne croyez pas que j'aie la prétention de vous faire recommencer en opéra, l'œuvre que vous avez si profondément pensée, et créée avec tant de maîtrise. — Si seulement vous vouliez bien revoir le tout, me donner votre opinion, et mettre de ci de là quelques retouches d'un trait de votre main puissante, voilà quelle est mon instante prière ! Est-ce une prière vaine ? N'est-ce pas votre propre enfant qui vous demande de le protéger ? Si un jour il se présente devant vos yeux, sous sa forme musicale, je désire ardemment que vous disiez : « Eh bien, je l'aime encore ainsi vêtu. »

En attendant, j'ai lu aussi votre Judith. Cela ne va pas encore si mal en ce monde! Il ne touche pas à sa fin, puisqu'il nous donne un poète capable de créer Genoveva et Judith.

Une réponse de vous, si vous voulez bien m'en honorer, m'arrivera ici. Si elle m'apporte un oui, je vous remercierai du mieux que je pourrai. En tout cas, comptez-moi toujours au nombre de vos sincères admirateurs, et donnez-moi l'occasion de vous le prouver.

Votre très dévoué

Robert SCHUMANN.

A Fr. Hebbel.

Dresde, 28 juin 1847.

Très honoré Monsieur,

La dernière partie du texte est un peu en retard; il nous survient, au dernier acte, des difficultés que nous n'avions pas prévues. Le livret sera difficilement

achevé avant votre arrivée ici (fin juillet, comme vous
me l'écrivez). Au fond, cela vaut mieux ainsi, parce
qu'il est plus facile de se comprendre verbalement
que par écrit. Ayez seulement la bonté de me prévenir
dès votre arrivée afin que je puisse aller vous chercher;
je pense que si vous avez besoin d'être dirigé dans la
ville qui vous est étrangère, vous me choisirez comme
guide. Vous me permettrez aussi, si vous amenez
Mme Hebbel, de vous présenter à tous deux ma
femme, dont vous avez bien voulu garder, de Hambourg, un si aimable souvenir.

Si j'ai hasardé la supposition que vous m'igno-
riez comme compositeur, c'était pour me punir de ne
vous avoir moi-même connu que depuis quelques
mois, tandis que votre « Judith » et votre « Genoveva »
— constellations scintillantes que chacun devrait connaître — datent déjà de plusieurs années. Je suis
cependant d'habitude assez au courant de la production littéraire actuelle.   .   .   .   .

.   .   .   .

Quand j'aurai la joie de vous voir, vous ne serez
plus un étranger pour moi, et le « Diamant » aura fait
son œuvre. Quel morceau profondément comique et
quelle fraîcheur d'impression. Il est unique dans la
poésie allemande!

Excusez-moi de ne pas trouver les mots pour ce que
j'aurais voulu vous dire, mais tant de mains sont

prêtes à vous tresser les plus belles couronnes, que vous autoriserez le musicien à y joindre sa petite feuille.

Votre tout dévoué

R. Schumann.

A F. Hiller.

(Sans date.) Dresde, commencement de juillet 1847.

Cher Hiller,

Tu es parti si rapidement que, à notre grand chagrin, nous n'avons pu te dire un adieu que je veux, du moins, t'envoyer. Tu retrouveras certainement la santé aux eaux, et tu nous reviendras fortifié. Nous sommes inquiets, ainsi que tous tes amis, de te voir voyager seul ; cependant, c'est l'indice d'une bonne confiance en soi-même, qui est encore le meilleur médecin. Chez nous, cela ne va pas au mieux. Clara est encore très éprouvée, et moi aussi. Peut-être le petit voyage que nous projetons nous apportera-t-il courage et réconfort.

Le livret d'opéra avance, mais lentement. Notre Reinick est un excellent homme, très affectueux, mais horriblement sentimental ; et justement, notre poème a nécessité, chez Hebbel, une extraordinaire dépense de force. (Sais-tu que c'est Genoveva que nous avons choisie?) Pour le reste, je suis ravi de ce beau sujet, et je pense qu'il aura aussi ton approbation. Ces temps derniers, j'ai fait un Trio en ré mineur dont plusieurs parties me plaisent beaucoup. Quand tu seras revenu, tu l'entendras, avec un autre plus ancien que j'ai fait il y a quelques années (en la mineur) et celui de ma Clara. Si j'apprends quelque chose d'intéressant pour toi au sujet de ton opéra (Conradin), je te l'écrirai. Arrange-toi pour assister bientôt toi-même aux répétitions, et écris-moi une fois, si cela ne te fatigue pas trop.

Clara veut t'écrire aussi quelques mots; c'est pourquoi je ne t'envoie plus que mes souhaits affectueux, et mes remercîments pour ton amicale sympathie dans nos derniers chagrins.

Ton dévoué

R. Sch.

A Gustave Nottebohm, à Vienne.

Dresde, 29 juillet 1847.

Cher Nottebohm,

J'espère que cette écriture ne vous est pas devenue

complètement étrangère? Que de temps passé sans nous voir! Mais j'ai bien souvent pensé à vous; j'espère que, de votre côté, vous avez fait de même. Voici, en deux mots, le motif de cette lettre. J'ai lu dans les journaux que la place de directeur du Conservatoire de Vienne était vacante. Je désirerais beaucoup remplir cette fonction, pour laquelle je me sens d'autant plus compétent que la santé et les forces me sont revenues. Mais je ne veux pas me mettre sur les rangs sans être orienté sur un grand nombre de points; et j'espère que votre sympathie pour moi vous décidera à me tendre la main secourable que je cherche. Ce qui est important, c'est que, sans prononcer *mon nom* à personne vous puissiez, d'une façon certaine, me mettre au courant de tout ce que vous pourrez savoir au sujet de la titularisation de ce poste. Je voudrais que vous vous informiez de la raison qui a poussé Preyer à donner sa démission? — Qui est chargé de choisir le futur directeur? — Est-ce la société? et de qui est-elle composée en ce moment? — Sachez s'il y a des candidatures posées, et lesquelles? Et aussi l'opinion publique, et celle des musiciens? Je vous prie instamment encore une fois de ne pas mentionner *mon nom*. Vous aurez des détails certains sur tous les points qui m'intéressent auprès de Fischhof, Fuchs ou Lickl....

Soyez donc assez aimable, cher Nottebohm, pour

vous tenir au courant de cette affaire — envoyez-m'en bientôt des nouvelles, car la place doit être donnée d'ici au premier octobre; il n'y a donc pas de temps à perdre[1].

Assez donc pour aujourd'hui; en égoïste, je ne vous dis pas autre chose, ce sera pour la prochaine lettre. Je désire et j'espère que ces lignes vous trouvent en bonne santé et en bonnes dispositions.

Votre

R. Sch.

A J. J. B. Laurens[2], à Montpellier.

Dresde, le 23 août 1848.

Honoré Monsieur,

Soyez remercié pour votre lettre qui, dans ces temps troublés, me fut doublement bienfaisante. Je vous remercie aussi pour le délicat portrait avec le petit mot écrit au-dessous. Je le regarde souvent. Les œuvres dont vous me parlez sont, jusqu'au quatuor,

1. Ce projet n'eut pas de suites; dans les orages politiques de 1848, le Conservatoire fut désorganisé et ne fut réorganisé qu'en 1851.

2. Secrétaire de la Faculté de médecine, dessinateur de talent, compositeur et grand amateur de musique : un véritable artiste.

d'une époque antérieure. Sur le billet ci-joint, je vous ai noté les autres, et, si vous désirez faire un choix entre celles-là, je vous ai souligné d'un trait celles que je préfère. En dehors des miennes, suivant votre désir, je vous ai écrit les titres de quelques autres compositions que j'estime les meilleures parmi celles parues ces dernières années. Gade est le plus génial parmi les jeunes compositeurs; c'est un véritable maître. Je suis tout disposé à vous envoyer, à la place de Mendelssohn, des nouvelles sur la situation musicale en Allemagne. — Si seulement vous n'aviez pas tant à perdre au change! Nous devons tous contempler avec respect cette grande figure disparue. Il apparaît, telle une image miraculeuse, toujours plus haut qu'on ne se sent soi-même; et il était si bon, si modeste! Il repose maintenant en paix! Les derniers orages et les dernières tempêtes lui auront été épargnés! Sa mission était autre, c'était une mission de bonheur et de paix. Il est mort, le 4 novembre, le jour juste où, en Suisse. les premiers cris de guerre retentirent. Il n'aurait pas pu se plier à la vie qui est la nôtre depuis lors. On ne peut se lasser de penser toujours à lui, d'en parler sans cesse. Pardonnez-moi donc mes plaintes.

Je voudrais pouvoir vous parler beaucoup de mes œuvres; mais je pense aussi que celles auxquelles vous vous intéressez avec une si sincère sympathie ont le moins besoin de mes paroles : leurs douleurs et leurs joies sauront bien vous parler d'elles-mêmes. J'ai été tout particulièrement heureux d'apprendre que vous jouez du pédalier, car je m'en suis occupé dans ces dernières années, je l'ai étudié, et j'ai même écrit plusieurs morceaux pour cet instrument. Vous les trouverez indiqués sur le papier ci-joint.

Ecrivez-moi bientôt, je serai toujours heureux de vous répondre, et d'envoyer un souvenir du monde orageux où je vis, à l'ermite de la mer lointaine.

Votre dévoué

R. Schumann.

A F. Brendel:

Dresde, 5 juillet 1848.

Cher ami,

Le temps me pressant, j'ai mis comme introduction à la scène finale de Faust quelques passages tirés du livre de Deyk. Cela vous convient-il? L'interprétation en petit comité fut excellente; l'impression totale me parut bonne et faite pour contre-balancer celle de « la Péri; » mais l'entraînement de cette grande élévation de poésie m'a occasionné une dépense de forces très considérable. Je me réjouis beaucoup de diriger cette musique à Leipzig devant mes amis, et, avec l'aide de

Dieu, j'espère le faire au commencement de l'hiver. Ce qui m'a surtout ravi, ce fut d'entendre dire, de tous côtés, que la musique faisait encore mieux comprendre la poésie, alors que je craignais justement qu'on m'adressât le reproche contraire « Pourquoi ajouter de la musique à une œuvre aussi complète? » D'un autre côté, depuis que je connais cette scène, j'ai la sensation que, très certainement, la musique lui donnera une plus grande puissance. J'espère, du reste, que vous pourrez bientôt en juger par vous-même! — Ne considérez tout ce que je vous dis là que comme une communication confidentielle, et n'en parlez pas dans des journaux.

Je vous dois encore beaucoup de remercîments pour les morceaux de musique que vous m'avez envoyés, surtout pour Palestrina. Cela résonne parfois comme une musique céleste, — et quel art merveilleux! Je crois vraiment que Palestrina est le plus grand génie qu'ait produit la musique italienne. Mes sociétés musicales me causent une grande satisfaction, surtout celle des chœurs : nous en arrivons à chanter à livre ouvert la messe solennelle de Beethoven . . . .

. . . .

Comment marche le journal? Je suis heureux de penser qu'il se maintient au premier rang. Quel est le Magdebourgeois dont j'ai lu quelque chose dans le dernier numéro? Ce que Franz fait de beau et de bien y est admirablement apprécié : je n'ai de réserves à faire qu'au sujet de Meyerbeer et de Gade ; le premier reçoit de trop grands éloges, trop parcimonieusement distribués au second. . . . .

. . . .

R. Sch.

A *Carl Wettig.*

Dresde, 5 août 1848.

Vos compositions m'ont infiniment plu. Pouviez-vous en douter ? Je voudrais savoir maintenant quelque chose de plus sur vous, sur vos études, sur vos premiers et sur vos plus récents travaux ; et aussi, quand et comment, vous vous êtes formé ? Car un talent ne parvient pas, en dormant, à une telle intensité. Et alors, je pourrai vous parler un peu plus de vous-même, et, avant tout, vous dire combien je désirerais vous voir quitter votre lointaine retraite, et vous rapprocher au plus vite du grand centre du mouvement musical qui est toujours Leipzig ; car, quelque satisfaction que puisse vous donner la solitude, il n'est possible d'acquérir de nouvelles forces. un nouvel élan, que par le contact journalier avec le monde. N'avez-vous rien écrit pour orchestre ? (ouver-

tures, symphonies,) je les enverrais à Gade qui
devrait les exécuter, — peut-être alors vous transpor-
teriez-vous là-bas et, ensuite, jusqu'ici. Expliquez-
moi vos plans plus en détail, et envoyez-moi encore
beaucoup de vos compositions. Dites-moi aussi quelles
sont vos idées sur la façon de vous faire connaître
plus tard ?

Je voudrais notamment que le morceau de piano
avec orchestre fût imprimé, et je vous offre avec plaisir mes services à ce sujet. Depuis le « Capriccio » de
Mendelssohn, je n'ai rien entendu, dans les nouvelles
compositions, qui m'ait autant pénétré. C'est clair et
beau, cela coule de source et s'enchaîne avec l'orchestre d'une façon originale et saisissante, très rarement
accordée aux jeunes compositeurs, et que les maîtres
seuls atteignent dans leurs plus belles heures. Je rencontre aussi, dans vos Lieder, toutes les qualités
d'une organisation musicale supérieure et principalement dans les « Zwei Geibelschen, » qui sont de premier ordre. Je n'aurais guère à critiquer que certaines
répétitions dans le texte, mais je remets cela à plus
tard, lorsque je serai mieux au courant.

Croyez que ma sympathie vous est acquise pour
toujours, et recevez mes remercîments cordiaux pour
m'avoir jugé digne de jeter un coup d'œil sur des
travaux, et sur une vie intellectuelle nouvelle pour
moi. Nous n'avons que trop rarement le plaisir de

nous trouver en parfait accord avec les aspirations des jeunes artistes, et ma joie est d'autant plus grande d'avoir rencontré ce que depuis si longtemps j'ai cherché en vain !

Encore une question : Possédez-vous les différentes parties de votre morceau écrites pour le piano? Ma femme, que vous connaissez certainement de nom, comme une bonne musicienne, les jouerait très volontiers à Leipzig, à la première occasion. Et comment comptez-vous appeler cette composition : Caprice, Fantaisie, Ballade? Aucun de ces titres ne me satisfait pleinement. Un mot de réponse sur cette question et sur toutes celles que je vous ai adressées.

Encore merci pour la joie que vous m'avez donnée.

Votre

Robert SCHUMANN.

A Ferd. David.

Dresde, 12 août 1848.

Cher David,

Connais-tu encore cette écriture? Ce sont les mêmes anciennes lettres contournées et aussi l'ancien écrivain qui se souvient presque journellement

de toi et des nombreuses heures passées jadis en ta
compagnie.

J'ai écrit à Rietz, à propos de mon opéra « Genoveva. »
Causez-en ensemble, et voyez s'il est possible de le
faire entendre à Leipzig. Je me rappelle avec plaisir
ton aide pour la *Péri* (comme nous avons tempêté
avec Grenser pour découvrir Blum) ! Je compte que
tu soutiendras « Genoveva » aussi amicalement.

Sur tout le reste, nous nous entretiendrons de vive
voix — car j'espère te voir bientôt, et c'est le second
motif de cette lettre. Te rappelles-tu, lors de notre dernière réunion à l'hôtel de Bavière, que tu m'as promis
de venir ici, avec ta femme, dans le courant de l'été?
Maintenant, écoute-moi bien : pour dimanche en
huit, nous avons organisé une promenade de réjouis-
sances dans laquelle le chant aura sa grande part. Ces
réunions sont toujours très animées ; il y a de jolies
femmes qui chantent avec passion. Que penserais-tu
d'y venir? Peut-être ta chère femme se déciderait-elle
à t'accompagner. Evidemment, tout dépend du temps.
Mais, du reste, tu pourrais venir de toute façon, la
partie ne sera remise qu'en cas de pluie persistante.
Réfléchis-y, et arrange-toi pour être libre. N'oublie
pas ta provision de joyeuses plaisanteries sans laquelle
tu ne serais pas un vrai compagnon de David, c'est-à-
dire à peine la moitié d'un homme. Mon écriture ne
s'est pas améliorée, comme tu le vois. Réponds-moi

vite deux mots, me disant s'il est possible que tu viennes. Ma femme vous envoie à tous deux ses compliments les meilleurs ; je fais de même, et suis en vieille amitié,

    Ton dévoué

R. Schumann.

A Laurens.

3 novembre 1848.

    Honoré Monsieur,

Je suis un ingrat de n'avoir pas répondu à vos deux lettres si amicales. Pardonnez au musicien qui écrit plus volontiers des croches que des lettres. Et puis, quelle époque nous traversons ! Quel effrayant soulèvement des masses populaires, même chez nous ! Mais n'insistons pas là-dessus, et parlons plutôt de notre art chéri auquel, vous aussi, vous vous êtes donné corps et âme.

Je vous remercie de prendre une si chaleureuse part à mes efforts. Plus l'artiste avance en âge, plus il a besoin d'être soutenu par ceux qui sont animés des mêmes sentiments que lui, ou tout au moins par ceux qui font des vœux en sa faveur. Pourtant je ne dois pas me plaindre. De loin comme de près je reçois des marques de sympathie qui me réjouissent le cœur, bien que ces marques ne soient pas toujours, comme critique, celles que je désirerais : on loue souvent ce qui n'est pas à louer, et on ne blâme pas au bon endroit. Mais vous, mon honoré Monsieur, vous êtes pour moi le guide préféré — car vous comprenez avec votre cœur, et c'est ainsi que toute la musique devrait être comprise. Je souhaite que mes travaux futurs vous plaisent. Pour le moment, je ne manque pas d'assiduité au travail, et cette année est une de celles où j'ai le plus produit, malgré toutes les agitations du dehors. Depuis le commencement de janvier jusqu'à la fin d'août, j'ai composé un opéra : « Genoveva » qui est terminé — puis une œuvre dont je suis assez épris : — un album de Noël pour les enfants (petits et grands) — environ 40 morceaux pour piano. Je pense que quelques-uns d'entre eux vous plairont assez, pour donner naissance à de nouveaux petits tableaux[1] gracieux, symboliques, comme ceux que vous m'avez déjà envoyés. — Et depuis lors, j'ai la tête pleine de plans de toutes sortes, surtout de plans dramatiques. . . . .

Je compte, dans l'avenir, consacrer mes forces à la musique d'opéra. Vous voilà au courant de mes der-

---

1. Laurent illustrait les lettres qu'il renvoyait à Schumann, de charmantes petites aquarelles inspirées par ses mélodies.

niers faits et gestes, communiquez-moi bientôt les vôtres.

Si je connais Stephen Heller? Pas personnellement mais, comme musicien, depuis ses premières publications. Il est le plus intelligent compositeur de piano parmi ceux qui sont en vie; il me semble le connaître comme moi-même. — S'il pouvait seulement s'éloigner une fois de Paris où il « s'émiette. » Vous jugerez autrement Gade, c'est-à-dire plus avantageusement, quand vous aurez entendu ses Symphonies à l'orchestre : c'est un maître complet, et un homme excellent!

... Recevez mes compliments les plus amicaux, et écrivez-moi bientôt de nouveau.

Votre

R. Schumann.

*Au chef d'orchestre Schindelmeisser,
à Francfort-sur-Mein.*

12 novembre 1848.

Très honoré Monsieur et ami,

Recevez tous mes remercîments pour votre aimable lettre. Je serais fort heureux que mon opéra fût joué à Francfort. Malheureusement, je ne puis, en ce

moment, vous en envoyer la partition, car les deux
seules que je possède sont, l'une à Leipzig, l'autre
à la Direction d'ici. — Je viens de donner l'ordre d'en
faire une copie pour vous, mais il faudra bien trois ou
quatre semaines pour qu'elle soit terminée.

Puisque vous me demandez de vous fixer un prix,
il faut bien que je vous en parle. Je suis prêt à laisser,
pour vingt louis d'or, à la Direction, le droit de représenter la partition en tout temps ; je ne me réserve
que la propriété du livret. Si nous sommes d'accord
là-dessus, le mieux sera de signer un contrat en forme.
Je voudrais encore vous écrire beaucoup de choses
sur l'opéra lui-même, mais je remets cela au moment
où vous aurez la musique entre vos mains, ce qui ne
saurait tarder, sinon à Francfort, du moins ici. Donc,
venez, si vous ne tenez pas à rester à Francfort.
Nous n'avons pas surabondance de bons musiciens et
vous serez mille fois le bienvenu.

Dès que vous aurez décidé quelque chose pour la
représentation de l'opéra à Francfort, ayez la bonté de
m'en prévenir. J'aurais aussi le grand désir de conduire moi-même la première audition, mais tout cela
est encore voilé par l'obscurité de l'avenir.

Pour le moment, je vous dis : au revoir prochainement, par écrit ou verbalement.

Votre dévoué

Robert Schumann.

Au directeur de musique Otten, à Hambourg.

Dresde, 2 avril 1849.

Honoré Monsieur,

Vous devez penser beaucoup de mal de moi qui suis resté si longtemps sans répondre à votre lettre, mais j'ai souvent pensé à vous et à vos lignes, et je vous remercie, sans invoquer d'autre excuse que la traditionnelle paresse des musiciens, qui écrivent des *notes* plus volontiers que des lettres.

J'ai composé la Symphonie, en décembre 1845. J'étais encore à peine convalescent — il me semble qu'on doit s'en apercevoir en l'écoutant. C'est seulement dans la dernière partie que je me sentis renaître : c'est réellement en composant cette œuvre que je suis revenu à la vie, et pourtant elle me fait surtout penser à une période lugubre. Que l'écho seul de telles douleurs puisse vous intéresser est, pour moi, grande preuve de sympathie. Tout ce que vous me dites là-dessus me montre à quel point vous comprenez la musique, et vous m'avez causé une immense joie en m'expliquant que le sentiment, tout spécial, qui m'a fait placer, dans l'Adagio, le mélancolique « basson » ne vous a pas échappé.

J'étais renseigné depuis longtemps sur votre goût

pour la bonne musique, ainsi que sur votre Société de concerts. Les choses d'une réelle valeur se font connaître, même sans articles de journaux ; de bons génies, très avisés, se chargent de les répandre dans les airs. J'ai éprouvé aussi de grandes joies, depuis quelques années, par de semblables réunions musicales où l'on peut se retremper dans Palestrina et Bach, dans d'autres encore qu'on ne pourrait entendre sans leur secours.

Connaissez-vous la « Passion selon saint Jean » de Bach, celle qu'on appelle la petite? Sûrement. — Et ne la trouvez-vous pas plus hardie, plus puissante, plus poétique que celle d'après l'Evangile de saint Matthieu? Cette dernière a dû, ce me semble, être écrite cinq ou six ans auparavant; elle n'est pas libérée de certaines lourdeurs ; de plus elle est d'une longueur démesurée. — Combien l'autre, au contraire, paraît concise. Comme elle est géniale, surtout dans les chœurs, et quel art merveilleux ! Si seulement le monde pouvait être mis au fait de ces grandes et belles choses ! Mais aucun écrivain ne s'en occupe, seuls les journaux de musique commencent parfois à en parler, mais ils s'arrêtent en route, car ils manquent des connaissances indispensables et d'une réelle conviction. Il en est et il en sera toujours ainsi. — Il faut bien, d'ailleurs, que quelque chose soit réservé aux seuls artistes profondément convaincus. C'est ce qui arrive pour Palestrina, pour Bach et pour les derniers quatuors de Beethoven, etc.

Aussi je vous envoie, pour salut amical, ces mots : « Toujours en avant! » C'est-à-dire, ne négligeons pas d'employer toutes nos forces à faire valoir ce que nous considérons comme beau et vrai ; cela porte en soi sa récompense.

Beaucoup d'amitiés de votre dévoué

R. Schumann.

A Fr. Liszt à Weimar.

Bad-Kreischa, près Dresde, 3 mai 1849.

(Pour l'intelligence de cette lettre, il faut savoir qu'un soir, chez Schumann, il s'était élevé une violente discussion entre lui et son ami Liszt, qui s'était permis certaines critiques sévères sur des musiciens chers à Schumann, notamment sur Mendelssohn, et sur la musique qu'on exécutait à Leipzig.)

Très honoré ami,

L'apparition de M. Reinecke à Dresde fut si rapide, — la révolution nous éparpilla tellement à tous les vents, après notre court et unique entretien — que je n'ai pu lui donner aucune réponse décisive à votre question sur la scène de Faust. — Le morceau me paraît trop court pour les frais qu'il nécessite, et j'ai toujours eu l'intention d'y ajouter quelque chose : jusqu'à présent je n'ai pu y parvenir, mais je n'en perds pas l'espoir. Je ne voudrais pas faire connaître le morceau tel qu'il est actuellement.

Mais, cher ami, cette composition ne vous paraîtra-t-elle pas par trop « *leipzickienne* » ou bien considérez-vous Leipzig comme un Paris en miniature, dans lequel on peut aussi arriver à mener une œuvre à bien? Sérieusement, de vous, qui connaissez une grande partie de mes compositions, j'aurais attendu autre chose qu'un jugement si dur, englobant toute une vie d'artiste. Examinez mes œuvres de plus près, et vous y trouverez une diversité de points de vue que j'ai toujours désiré atteindre; j'ai cherché, dans chacune d'elle, à mettre au jour non seulement une forme musicale, mais aussi une idée. Et vraiment, ils n'étaient pas si négligeables, ceux qui étaient réunis à Leipzig, — Mendelssohn, Hiller, Bennet et les autres, — et nous pouvions soutenir la comparaison avec les Parisiens, les Viennois et les Berlinois. — De plus, si on trouve, dans leurs compositions, quelques réminiscences, qualifiez-les de Philistins ou du nom qui vous conviendra, mais sachez qu'on en rencontre dans toutes les œuvres d'art et que Bach, Hændel, Gluck, et plus tard Mozart, Haydn, Beethoven se ressemblent, à s'y méprendre, sur cent points différents. (Je mets à part les dernières productions de Beethoven, bien qu'elles procèdent de Bach.) Il n'existe pas d'œuvre *complètement originale*.

Tout cela dit à propos de votre déclaration qui fut injuste et offensante. En résumé, oublions cette soirée. Un mot n'est pas une flèche. — L'important est de progresser sans cesse.

Reinecke m'a dit que vous resterez encore quelque temps à Weimar. Vous viendrez peut-être à Leipzig, pour la représentation de mon opéra (probablement à la fin d'août). Si vous le désirez, je vous dirai plus tard la date exacte. Par votre intermédiaire, il pourrait peut-être y en avoir, cet hiver, une représentation à Weimar, ce qui me rendrait heureux.

Nous vivons ici dans une grande tranquillité, éloignés de la révolution — et l'ardeur au travail augmente plutôt qu'elle ne diminue, bien que nous prenions part au mouvement général. J'ai été fort occupé par de grandes et petites choses qui vont bientôt paraître. J'ai terminé un travail important; j'ai mis en musique le Manfred de Byron, que j'ai traité au point de vue dramatique, avec ouverture, entr'actes et différents morceaux de musique tels que le texte peut en inspirer.

Maintenant, assez ! Ecrivez-moi aussi un mot sur

vos faits et gestes. Ma femme vous envoie son souvenir — les enfants commencent déjà à aimer la musique. Beaucoup de compliments.

Votre dévoué

R. SCHUMANN.

A F. Hiller.

Dresde, 10 août 1849.

Cher Hiller,

De nouveau, voilà longtemps que tu n'as entendu parler de nous, et je ne veux pas tarder davantage à t'envoyer mon souvenir.

De temps en temps, j'ai eu de tes nouvelles par Reinecke ; j'ai su que, ta femme et toi, vous vous portiez bien et que tu avais toujours du courage au travail. Il en a été de même chez nous, à peu d'exceptions près. Nous avons tous les deux travaillé assidûment pendant le dernier hiver.

Ma société chorale me cause beaucoup de satisfaction (60 à 70 membres), car je puis lui faire interpréter, suivant mon désir, toute la musique que je préfère. J'ai abandonné la société de chants masculine ; je n'y rencontrais pas assez d'efforts personnels, et je ne m'y trouvais pas à ma place, quoiqu'elle fût joliment composée. M. D. (Julius) Otto en a pris la direction.

J'ai, je crois, fait monter d'un cran le jeune (Carl) Reitter : c'est une nature fort bien organisée, très bien douée, musicalement parlant, mais encore obscure. Aboutira-t-il à un grand résultat ou s'évanouira-t-il en fumée ? — Il aurait besoin d'une direction suivie.

. . . .

De plusieurs côtés, j'ai entendu dire beaucoup de bien de ta symphonie : « Ce sera pourtant bientôt le printemps. » Il n'y a malheureusement pas moyen de rien monter de nouveau ici : tu connais la situation ; la paresse est plus grande que jamais !

Reinecke m'a conté aussi que tu avais dirigé une de mes symphonies. Est-ce la seconde ? En ce cas, tu me ferais plaisir en me faisant savoir ce que tu en penses : si c'est déjà chose faite et que tu l'aies fait imprimer, n'importe, un échange d'idées est toujours utile pour l'avenir.

J'ai beaucoup travaillé durant ces derniers temps ; cette année est, pour moi, la plus productive de toutes. — On dirait que les orages extérieurs poussent l'homme à chercher en lui-même un contrepoids à de si terribles bouleversements.

Connais-tu bien mon Album pour la jeunesse, et te plaît-il ? L'éditeur m'écrit qu'il obtient une prompte et grande réussite. En résumé, je ne peux qu'être reconnaissant de ce que, dans des temps si difficiles, il me reste encore tant de force pour travailler.

Mais, assez pour aujourd'hui. Puissent ces lignes te trouver en bonne santé. Mes compliments à ta femme; donne-moi de ses nouvelles.

Ton ami,

Robert SCHUMANN.

Où est Wagner ?

A Liszt.

Dresde, 29 juillet 1849.

Votre réponse, mon honoré ami, est telle que je la souhaitais.

On a formé ici un Comité chargé d'organiser le festival en l'honneur de Gœthe, et on a décidé d'y exécuter la musique que j'ai composée pour *Faust*. Je n'avais pas encore accepté, mais un refus eût été d'autant plus mal reçu que je m'étais engagé à diriger une représentation de *Faust* à Weimar.

Enfin, je suis satisfait que cela se soit passé ainsi. Je dois pourtant vous avouer que, sans votre participation à Weimar, tout cela m'eût causé de la peine.

Revenez-nous vite des eaux, bien portant et fortifié. Si votre absence ne dure pas plus de six semaines, j'espère encore vous voir à Leipzig, pour la représentation de mon opéra. Recevez mon meilleur remercîment pour toute la peine que vous vous êtes donnée, et tous les compliments de ma femme unis aux miens.

R. Schumann.

A F. Brendel.

Cher ami, je suis très heureux que l'*Euterpe* tombe entre de jeunes mains.

J'ai eu beau creuser ma mémoire, je n'ai pu trouver un directeur de concert à indiquer ; en revanche, je crois pouvoir vous recommander une chanteuse, ancienne élève du Conservatoire : Rosalie Schulze, maintenant mariée à Tittel (à Chemnitz). Je ne l'ai pas entendue depuis plusieurs années, mais hier encore, un homme très compétent m'a affirmé que sa voix s'était beaucoup développée. Je sais pertinemment qu'elle est *excellente musicienne* et chanteuse expérimentée. Elle est à Chemnitz dans une assez bonne situation, mais, d'après ce qu'elle m'a dit elle-même, elle a le désir de retourner à l'Art. Je crois que vous feriez difficilement un meilleur choix et qu'elle n'aura pas des prétentions exagérées.

Ma femme jouera très volontiers dans *Euterpe* dès qu'elle aura rempli ici un engagement dont le jour n'est pas encore fixé. Je vous tiendrai au courant.

Ne comptez pas sur moi, mon cher Brendel, pour faire partie de votre Société. Vous savez que j'ai toujours tenu, par-dessus tout, à ma liberté et à mon indépendance, et je continuerai, dans l'avenir, à refuser d'entrer dans une Société, de quelque nature qu'elle soit. Chacun doit avoir le droit de remplir à sa fantaisie ses obligations artistiques. Laissez-moi donc suivre la mienne. Le lien intellectuel qui nous unit ne saurait se rompre. Ce n'est pas dans un but autoritaire que j'avais constitué autrefois — à l'époque où tous les jeunes talents s'élançaient vers nous avec joie — les Compagnons de David ; et puis, nous nous connaissions tous. Ne croyez pas qu'à cause de mon refus j'aie une moindre estime pour vos efforts et ceux des autres ; je pense n'avoir pas besoin de vous le dire.

Ecrire me fatigue un peu ; donc j'ajoute seulement beaucoup d'amitiés.

R. Sch.

A H. Dorn, à Berlin.

Dresde, 6 novembre 1849.

Très honoré Monsieur le Maître de chapelle,

Il y a longtemps que j'avais formé le projet

d'envoyer mon opéra à l'Intendance du Théâtre royal. Comme cela se trouve bien que ce soit vous, mon ancien honoré professeur, qui soyez appelé à diriger cette institution ! C'est donc à vous que je m'adresse d'abord, en vous priant de me donner, dans cette circonstance, vos bons conseils et votre appui.

Je tiens le livret et la partition de « Genoveva » à votre diposition ; seulement ne croyez pas, d'après son titre, que cet ouvrage soit par trop sentimental. Je crois que c'est un ranche de vie, ainsi que doit l'être toute poésie dramatique. Le fond en a été pris dans la tragédie de Hebbel.

Mais vous comprendrez bien mieux tout cela en lisant la partition. Voulez-vous donc m'écrire prochainement deux mots, me disant si vous avez le temps de consacrer quelques heures à mon œuvre et ce que je dois faire pour qu'elle vous arrive rapidement. Je vous en remercie beaucoup d'avance . . .

. . . .

Accueillez encore mes bons souhaits pour votre nouvelle situation, recevez aussi les amitiés de ma femme qui se souvient toujours de vous avec un profond attachement et pensez à nous avec amitié.

Votre tout dévoué

Robert SCHUMANN.

A F. Brendel.

Dresde, le 6 novembre 1849.

Cher ami,

Il est à peu près décidé maintenant que nous n'irons à Leipzig que dans la dernière semaine de janvier . . . .

Comment pouvez-vous, mon cher ami, accueillir des articles aussi longs et aussi ennuyeux que celui de Gollmisch et celui consacré à la musique militaire française — qui ne peuvent servir à rien?

Je veux encore appeler votre attention sur autre chose : je trouve que la vraie critique du journal est faite d'une façon bonne et digne, mais les notices insérées dans le *corps du Journal* se trouvent souvent en contradiction avec elle — et cela au détriment de l'art. — Lorsque, par exemple, il est dit, *en première page*, que « le nouvel opéra de M. Halévy est encore plus détestable que le dernier et qu'il blesse toutes les règles musicales, » que peut penser le lecteur, lorsque, à sa grande stupéfaction, il voit imprimé, à la dernière page, que « le nouvel opéra de M. Halévy a remporté un immense succès, » etc., etc.?...

Vous me répondrez peut-être que cette dernière appréciation n'est que de la réclame. Oui, mais ne sait-on pas avec quoi se fabriquent les immenses succès, et ignore-t-on — laissez-moi le dire — qu'on les remporte, surtout à Paris, avec de l'argent et de bonnes paroles?

Je cite cela comme un exemple . . . .

A F. Hiller.

Dresde, 3 décembre 1849.

Mon cher Hiller,

Dans ces temps derniers, j'ai souffert de maux de tête qui m'empêchèrent de travailler et même de penser; de là le retard de ma réponse.

Ta lettre, par tout ce que tu m'y dis, m'attire de plus en plus vers Dusseldorf; sois assez bon pour me faire savoir jusqu'à quelle époque je peux retarder une décision pour la place en question : je serais très content de ne pas être forcé de prendre un parti avant Pâques. Plus tard, je te dirai pourquoi.

Encore un mot : j'ai cherché dernièrement, dans une vieille géographie, des notices sur Dusseldorf et j'ai trouvé indiqués, parmi les curiosités de la ville, trois couvents de femmes et une maison de fous. Passe pour les couvents, mais la dernière mention me fut très désagréable à lire, et voilà à quoi cela tient : il y a quelques années, — t'en souviens-tu encore? — nous séjournions à Maxen, lorsque je découvris que le principal point de vue que j'avais sous mes yeux était la route conduisant à la maison des fous de Sonnenstein ! Cette perspective me devint si pénible, qu'elle gâta tout mon plaisir et que je me suis demandé s'il n'en serait pas de même à Dusseldorf. Peut-être, cependant, la notice est-elle inexacte et y appelle-t-on maison de fous une simple maison de santé, comme il s'en trouve dans toutes les villes. Je dois éviter toutes les impressions mélancoliques de ce genre; nous autres musiciens, tu le sais — nous vivons si souvent dans des sphères imaginaires que les malheurs réels nous émeuvent d'autant plus profondément, quand ils se montrent à nu devant nos yeux. C'est, du moins, ce que me fait éprouver mon imagination exaltée. Je me souviens d'avoir lu, dans Gœthe, quelque chose de ce genre (Sans comparaison).

J'ai lu ta poésie en l'honneur de Chopin[1], et j'ai admiré ton talent. Je voulais aussi organiser une solennité, mais la Frauenkirche me fut refusée, ce qui nous irrita profondément.

Il me revient à l'instant que j'ai à te demander si

---

1. Mort le 17 octobre 1849.

tu crois qu'il y aura, l'an prochain, une grande fête musicale dans les provinces rhénanes, et dans quelle ville? Je serais heureux d'y participer; il me semble que ce serait une bonne occasion de m'y faire connaître. Ecris-moi ce que tu en penses. Avec un salut amical.

Ton

R. Sch.

A Ferd. David.

Dresde, 14 janvier 1850.

Cher David,

Ta lettre m'a été remise avant-hier soir, sur le coup de minuit : nous rentrions d'une petite fête donnée en l'honneur de « la Péri, » à l'hôtel de Bavière, et tu m'as occasionné une agréable fin de journée. J'éprouve souvent toutes les sensations mélancoliques que tu me dépeins à la fin de ta lettre. Je t'ai toujours été très attaché; ton art m'a toujours rempli de la plus grande considération, et il en sera toujours ainsi, je l'espère.

Notre venue à Leipzig dépend maintenant de la date à laquelle commenceront les répétitions de mon opéra. Dans le concert de la Pension, ma femme jouera très volontiers — de préférence le Concerto en mi bémol majeur, qui, sans doute, intéressera le public.

As-tu déjà entendu mon Concerto pour quatre cors et orchestre? Je l'ai composé d'enthousiasme, et j'ai été très content de la façon dont les quatre cornistes me l'ont joué. — Si ma proposition te plaît, fais-en part à tes cornistes, dis-leur que les parties écrites en sont toutes prêtes, et qu'ils pourraient bientôt commencer à l'étudier. J'espère avoir la joie de te voir sous peu, j'aimerais avoir tes conseils sur beaucoup de choses concernant mon opéra et sur d'autres encore.

Mes souvenirs de cœur.

R. S.

A Verhulst.

Dusseldorf, 9 mars 1851.

Cher Verhulst,

Je voudrais te remercier de ta lettre si affectueuse. J'aurais tant de choses à te dire, mais je suis tellement souffrant depuis quelques jours qu'écrire m'est une fatigue. Ma femme sera assez bonne pour ajouter à ma lettre quelques mots sur l'art et sur l'agréable vie que nous menons ici.

J'espère, cher Verhulst, que le temps où nous nous reverrons n'est pas très éloigné, soit que tu viennes ici, soit que nous te retrouvions en Hollande. J'espère qu'au contact de ton esprit si vif si moderne, notre réunion sera gaie et que nous saurons chasser les pensées mélancoliques qui t'envahissent, comme si tu n'étais pas le maître artiste que tu es.

Nous avons toujours pensé à toi avec la plus tendre amitié. Continuons ainsi, et tâchons de nous écrire plus souvent.

Ton cordialement dévoué

R. Schumann.

A M. Horn.

Dusseldorf, 3 mai 1851.

Je viens de composer la ballade : Le fils du Roi, de Uhland, pour voix, chœur et orchestre. Je n'ai pas été jusqu'à la fin, qui a besoin d'être modifiée. Peut-être connaissez-vous la poésie ; au cas contraire, vous pourrez facilement vous la procurer. Pour que l'effet musical fût excellent, il faudrait que le chanteur, après ces mots :

> Ni des délices, ni de l'abondance... »
> « Et qu'il ne se rassasie

surgisse, non pour mourir, mais pour glorifier sa guérison et les magnificences qu'il a entrevues. Comme chant final, le chœur entonnerait cet hymne de gloire. Il suffirait de trois vers de quatre syllabes. — Si vous pensez à moi en bon poète, voudrez-vous vous souvenir de la demande que je vous adresse?

(*Dans une lettre du 9 juin :*)

Mon remercîment pour la part que vous avez prise à l'achèvement de la ballade. Tout est pour le mieux.

. . . .

A W. J. de Wasielewski, à Dresde.

Dusseldorf, 11 juin 1851.

Très cher Wasielewski,

La perspective de votre retour possible me cause une grande joie. Puissiez-vous bientôt m'en fixer la date! Ici, la vie est toujours semblable à celle que vous avez connue. Comme pour me dédommager du fidèle compagnon de promenade que je venais de perdre, un sort favorable m'envoya, peu après votre départ, quelques vieilles et jeunes connaissances. Ce fut d'abord Verhulst qui arriva de La Haye avec sa jeune femme; nous fîmes avec eux l'excursion des Siebengebirge — puis Reinecke (dont l'ouverture renferme des passages excellents), et enfin M. Radecke qui nous joua de l'orgue, d'une façon remarquable. Maintenant, nous revoilà au calme plat — extérieurement du moins — vous savez que, mentalement, je travaille sans relâche.

Nous avons commencé, dans notre société, la Messe de Bach en si bémol (encore une merveille) — et cela marche mieux que je ne le supposais. — Peut-être pourrons-nous l'exécuter cet hiver, et alors, il vous faudra être ici.

Nous nous portons tous assez bien. Je souffre quelquefois de douleurs nerveuses qui me préoccupent : dernièrement, après que Reinecke eut joué de l'orgue, je me suis senti presque défaillir. Peut-être les années à venir me mettront-elles à l'abri de ce mal.

(*La fin de la lettre est de la main de Mme Schumann.*)

A R. Pohl.

Dusseldorf, 25 juin, 1851.

Honoré Monsieur,

De nombreux travaux nouvellement entrepris et d'autres, plus anciens, à terminer, ne m'ont pas permis de concentrer, ainsi que je le désirais, mes pensées sur notre projet relatif à Luther. Pourtant je voudrais vous exposer en quelques paroles ce qui me paraît le plus clair. Cet oratorio devra, pour devenir populaire, être compris du paysan et du bourgeois — comme son héros qui fut un si grand homme. C'est dans ce sens que je m'efforcerai de maintenir ma musique ; je tâcherai qu'elle soit le moins savante, compliquée, contre-pointiste possible, mais simple, pénétrante, agissant de préférence par le rythme et la mélodie. Puissiez-vous, de votre côté, ne pas sortir de cette voie et m'envoyer bientôt votre texte à lire....

Encore une demande : il me paraît que, sans trop de peine et avec un bon résultat, on pourrait transformer certaines ballades en musique de concert, grâce à un accompagnement par des soli de chant, des chœurs et un orchestre. J'ai commencé par examiner, d'abord « La malédiction du chanteur » de Uhland. Mais il me manque un poète pour couler certains passages dans un moule musical. Sur la feuille ci-jointe, dont la teneur a grand besoin d'être revue par vous, j'ai audacieusement indiqué où l'original peut être conservé et... où il doit être modifié! Je tiendrais beaucoup à conserver le rythme métrique de Uhland et la façon de dire qui lui est propre. Si vous avez le temps et le désir de penser à ce que je vous demande, combien je vous en serai reconnaissant!

En tout cas, j'espère avoir bientôt de vos nouvelles

et connaître vos plans pour l'automne. Dites mille choses pour moi à Wenzel; j'appelle son attention et la vôtre sur un livre : Recueil de poésies d'Elisabeth Kulmann (6ᵉ édition). C'est une véritable île bénie qui surgit du chaos présent.

Votre dévoué

R. SCH.

A M. Horn.

Dusseldorf, 29 septembre 1851.

Honoré Maître,

Que de mal vous devez penser de moi! Nous avons, depuis quelques mois déjà, joué « La Rose » et vous ne devez pas comprendre que je ne vous en aie pas avisé. En voici la raison : nous n'avons pas ici un bon ténor, j'ai donc dû engager un M. Ernest Koch (de Cologne), pour chanter cette partie. Or, sa réponse décisive ne me parvint que *deux jours avant l'exécu-tion ;* il me fut donc impossible de vous le faire savoir à temps. J'aurais dû vous écrire, après la représenta-tion, l'excellente impression produite par cette œuvre, mais nous partîmes en toute hâte, pour faire un long voyage en Suisse. Nous passâmes ensuite quelques semaines en Belgique, si bien que l'été s'écoula sans que j'eusse réparé ma faute. Puisse ce récit m'excuser un peu auprès de vous !

En ce qui concerne la publication de « La Rose, » elle est encore assez éloignée. Du premier jet, elle fut composée avec un simple accompagnement de piano qui me paraissait — et me paraît encore — l'entourage le plus seyant pour cette plante délicate. — Et maintenant, voilà que j'ai cédé aux instances de mes amis et connaissances et que j'orchestre cet accompagnement. Cela donnera à la composition une plus vaste sphère d'expansion, — ce qui n'est pas à dédaigner, — mais c'est un travail considérable que je ne pourrai pas terminer avant deux mois ; de plus, je me trouve aux prises avec une quantité d'autres travaux acceptés auparavant. Bref, je ne crois pas avoir terminé avant la fin de l'année. Dans ces conditions, je n'ai pas encore traité avec un éditeur, mais cela ne doit pas vous empêcher de publier votre « Rose, » quand vous en aurez la possibilité. Je serais d'avis, si vous pouviez trouver un libraire-éditeur pour votre poésie, de ne pas vous montrer trop exigeant. Je ne suis malheureusement pas en relations avec d'autres que Henri Brockhaus ; si vous le désirez, je lui écrirai avec grand plaisir.

Mes compliments les plus cordiaux.

R. Schumann.

A J. Moschelès.

Dusseldorf, 20 novembre 1851.

Très honoré Maître,

Vous m'avez causé joie et honneur en me dédiant votre sonate pour violoncelle : vous réveillez en moi le souvenir de mes propres efforts auxquels vous avez pris une part si affectueuse. Lorsque, il y a plus de 3o ans, à Karlsbad, complètement inconnu de vous, je conservais, comme une relique, un billet de concert que vous aviez touché, aurais-je pu rêver qu'un maître si renommé m'honorerait jamais de la sorte? Recevez-en mon plus profond remercîment!

Je n'ai pu, jusqu'à présent, que déchiffrer la sonate, car, depuis quelque temps, ma femme est empêchée de jouer; j'ai néanmoins reconnu la marque du vénérable maître, sans chercher son nom sur le titre : je le lus dans la Ballade bohémienne qui me paraît particulièrement remplie d'attraits et de poésie. Je me réjouis, dès que ma femme sera rétablie, de l'entendre brillamment exécutée; nous possédons un très bon violoncelliste en la personne de M. Reimers, qui a fait d'immenses progrès depuis quelque temps. J'ai organisé, depuis peu, une société de musique de chambre dans laquelle, en dehors des anciennes, les nouvelles œuvres musicales seront exécutées. En somme, on fait ici beaucoup de choses pour la bonne musique, et je m'estime fort heureux d'avoir trouvé moyen, en y venant, de réaliser, pour une très grande part, un de mes souhaits favoris. Cela incite à produire davantage : c'est ainsi que ces dernières années, j'ai composé certaines œuvres qui, avec le temps, arriveront peut-être jusqu'à vous. Peut-être aussi viendrons-nous bientôt à Leipzig, où nous serions heureux d'aller vous trouver souvent dans votre beau jardin. N'oubliez pas de nous rappeler au souvenir de Mme Moschelès, et encore merci pour votre chère pensée.

Votre dévoué

Robert Schumann.

A Fran̗ Lis̗t.

Dusseldorf, 6 décembre 51.

Très honoré ami,

Tous mes remercîments pour votre lettre qui m'a rendu très heureux. Même avec la possibilité de représentation que vous étiez assez aimable pour me faire entrevoir, il me restait encore une légère crainte : celle d'entreprendre une chose trop importante. — Mais je sais aussi que, si vous y mettez la main, je n'aurai pas

à reculer devant les grosses difficultés, qui seront vain-
cues.

Aussi, quelle joie pour moi que ce soit vous qui rap-
peliez à la vie la puissante poésie de Lord Byron!

Je suis forcé de vous demander un délai de quelques
jours, avant de vous envoyer mon texte, dans lequel
il reste encore quelques obscurités ; je vous expédierai
en même temps texte et partition. Encore une
demande : vous serait-il possible de remettre cette
représentation au commencement de février? Ma
femme m'a offert, le 1er décembre, une nouvelle petite
fille et, si bien qu'elle se porte, elle a toujours besoin
d'un assez long temps pour reprendre toutes ses forces.
Elle est déjà toute radieuse à l'idée de m'accompagner
à Weimar, mais, pour cela, il serait nécessaire que ce
projet fût quelque peu retardé.

J'ai appris avec joie que vous avez dirigé, à Weimar,
mon Ouverture de « La Fiancée de Messine. » Ecrivez-
moi un mot qui me dise si ce morceau vous a plu.
On connaît si rarement l'opinion des artistes sur les
œuvres de leurs confrères! Et quant aux éloges ou aux
blâmes de ceux qu'on appelle les critiques profession-
nels, ce sont des fadaises qui ne peuvent que faire
sourire. Il n'en a jamais été autrement.

J'ai lu le 1er tome du nouveau livre de R. Wagner
(Opéra et Drame). Il est très remarquable, mais n'est-
il pas étrange qu'il néglige *Fidelio?*

Plus rien pour aujourd'hui, que les amitiés respectueuses pour Mme la princesse.

R. Sch.

A R. Pohl.

Dusseldorf, 7 décembre 1851.

... Avez-vous entendu mon Ouverture de la « Fiancée de Messine? » Si je vous le demande, c'est que vous seul m'avez inspiré le désir de la composer. Je la sais diversement appréciée : je suis d'ailleurs habitué à ce que mes compositions, particulièrement les meilleures et les plus profondes, ne soient pas comprises, à première audition, par la plus grande partie du public. J'avais pourtant attendu, pour cette ouverture si claire et si simple d'imagination, une compréhension plus rapide. Je suis curieux de connaître l'impression produite sur vous par ce morceau, bien qu'il arrive rarement qu'on puisse se prononcer du premier coup sur une œuvre dont on ne connaît pas la partition.

R. Sch.

A F. Lis*z*t.

Dusseldorf, 25 décembre 1851.

Cher ami,

Je vous retourne *Manfred*. J'ai fait passer une fois de plus sa musique au creuset — en compagnie de Hildebrandt et de Wolgang Müller — et je pense qu'elle peut se présenter maintenant sur la scène. Je suis arrivé à la conviction que les fantômes devront apparaître en chair et en os. Quant aux détails de la mise en scène, je pense écrire à M. Genast, plus tard, à ce sujet.

Parmi tous les morceaux de musique, je vous recommande plus particulièremant l'ouverture. Je la considère — oserai-je vous le dire? — comme un de mes plus robustes enfants, et je souhaite que vous partagiez ma manière de voir.

Dans les passages mélodramatiques, où la musique ne fait qu'accompagner les paroles, peut-être le demi-quatuor suffira-t-il? On en jugera aux répétitions.

L'affaire la plus importante est naturellement l'interprétation du rôle de Manfred; la musique en est pure folie et, si vous obtenez d'un acteur de Weimar qu'il puisse rendre claire sa haute signification, je vous en aurai une reconnaissance infinie.

Chez moi, tout va bien. Ma femme est complètement remise; les enfants, en excellente santé. Nous
remercions Mme la Princesse de ses lignes si bonnes
et si sympathiques. Ma femme ne peut pas encore lui
écrire. Et maintenant, tous mes souhaits affectueux en
cette fin d'année. Restez toujours attaché à

Votre dévoué

R. Schumann.

A C. Montag.

Dusseldorf, 9 juin 1852.

Cher ami,

Voulez-vous avoir la complaisance d'envoyer, le
plus tôt possible, à Liszt, le livre de texte ci-joint. Il
me paraît nécessaire que le spectateur ait ce livret pour
lui venir en aide ; aussi vais-je le faire imprimer.

Si cela n'est pas possible, je viendrai moi-même,
dès que je connaîtrai le jour de la représentation. En
tout cas, je vous prierai de m'écrire un compte rendu
de l'impression que cette œuvre, digne d'être remar-
quée, aura produite sur vous et sur l'auditoire.

Excusez ces lignes hâtives, une lettre les suivra.

Votre dévoué

R. Schumann.

Au sujet de cette première représentation de Man-fred, nous trouvons intéressant de transcrire le pas-sage suivant, tiré des annotations qui terminent le volume de la Nouvelle suite de lettres de R. Schumann *publiée par F.-Gustave Jansen.*

Pendant que Schumann confiait ses inquiétudes à Montag, Liszt l'avait déjà invité pour la première représentation de « Manfred » qui eut lieu le 13 juin 1852. — Malheureusement, une crise aiguë vint inter-rompre le voyage des Schumann, à mi-route de Wei-mar.

Le 20 juin, Clara écrit à Montag : « Hélas! mon pauvre mari est toujours malade; c'est pourquoi je vous prie instamment de lui donner quelques détails sur la première représentation de Manfred. Il aime-rait savoir quelle impression vous a causée l'ensemble de cette œuvre. — De l'*effet* (comme on dit) ne peut pas être produit, sur un public vulgaire, par cette poésie et cette musique, mais il me semble que l'élite doit éprouver, à l'entendre, une poétique émotion. Je ne peux pas me faire une juste idée de ce que cela peut donner sur la scène. Quelle malheureuse coïnci-dence, pour nous, que mon pauvre mari soit justement tombé malade et que nous n'ayons pas pu profiter des places! Après la première représentation manquée, nous avions espéré assister à la seconde (le 17 juin), mais la crise n'avait pas encore cédé. Depuis hier seulement, le rhumatisme a disparu, et malgré son accablement, Robert est en état de se mettre en route.

« Quelle tristesse j'ai éprouvée! Que n'aurais-je pas donné pour que nous puissions repartir. A vous, je peux avouer combien cette musique de *Manfred* m'est chère, je l'aime passionnément et l'ouverture est, pour moi, une des plus puissantes, des plus saisissantes que je connaisse. Ecrivez *très vite* une page à mon mari, et surtout qu'elle soit sincère! »

Le 26 juin, Liszt demande à Schumann : « Dois-je vous renvoyer votre partition manuscrite? Je ne suis pas un collectionneur d'autographes, mais posséder cette partition — si elle ne vous est plus nécessaire — serait pour moi une vraie joie. »

Liszt renouvela cette prière à Clara qui lui redemandait la partition pour l'imprimeur. « Le théâtre possède, écrit-il le 11 septembre, une copie très exacte; j'ai été tenté de vous envoyer cet exemplaire qui serait suffisant pour ce qu'on va en faire, *mais*[1] *je ne sais quel scrupule de probité m'a retenu. Peut-être trouverez-vous qu'il y a lieu d'encourager ma vertu un peu chancelante; et dans ce cas, vous n'aurez guère de peine à deviner ce qui me serait une récompense précieuse* » (Lettres de Liszt, I, 113).

---

1. En français dans la lettre allemande.

Schumann exauça ce souhait; il écrivit sur son manuscrit : Musique pour le *Manfred* de Lord Byron — A Franz Liszt, en souvenir — Robert SCHUMANN.

A *Verhulst.*

Scheweningen, 8 septembre 1852.

Cher Verhulst,

Adieu! J'ai été heureux de te retrouver en possession de ton ancienne verdeur. Ce n'est, hélas! pas le cas pour moi. Peut-être de bons génies me la rendront-ils aussi. Je me réjouis que tu aies rencontré une femme aussi charmante; en cela, nous avons eu tous les deux le même bonheur.

Je la salue et je t'embrasse tendrement.

Ton vieux

Robert SCH.

Au *même.*

Scheweningen, 16 septembre 1852.

Grand merci pour ta composition. Elle m'a rappelé ton prélude de Dusseldorf. C'est un morceau à grand effet (le motif en sol majeur m'a ému). J'espère aussi voir bientôt tes « Scènes d'enfants. » Demain, nous partons à 3 heures du matin. A La Haye, où nous passerons pendant que tu dormiras encore, nous penserons à toi. Sois encore remercié, ainsi que ta femme, pour toute l'amitié que vous nous avez témoignée.

Ton

R. S.

A L. Spohr.

Dusseldorf, 13 décembre 1852.

Très honoré Maître,

Vous m'avez donné l'espérance de voir représenter mon opéra sur votre théâtre, dès que l'agitation politique serait un peu calmée. Ce serait, pour moi, une chose importante que la récente transformation vous permît de réaliser ce projet. Par suite d'une interprétation tout au plus passable, cet opéra a été mal jugé à Leipzig. J'étais trop absorbé par d'incessantes productions pour m'en occuper moi-même. Mais aujourd'hui que me reviennent à la mémoire de si chers et si vivants souvenirs de mes travaux d'autrefois, je me souviens des paroles encourageantes que vous, illustre Maître, vous m'avez adressées à propos de *Genoveva.*

C'est là ce qui me donne le courage de nous rappeler (*Genoveva* et moi) à votre mémoire, dans l'espoir que vous nous ferez un bon accueil. . . . .

A Joachim.

Tous mes remercîments pour votre chère lettre, pour la musique qui l'accompagnait, et surtout pour votre Ouverture de Hamlet qui, du premier coup d'œil, m'intéressa profondément. Elle m'a surpris de prime abord : ne sachant pas, par vous, le nom de la tragédie, je m'attendais à trouver une brillante ouverture de concert, et je rencontrai tout autre chose. De page en page, Hamlet et Orphélie se révélèrent à moi sous leur forme la plus vivante. Il y a des passages extrêmement saisissants, et le tout est clair et du style grandiose qu'exigeait l'élévation du sujet. Je pourrais vous en dire long là-dessus, mais les mots ne représentent qu'insuffisamment ce qu'on ressent. La musique, avant tout, doit être sympathique et, lorsque je vous dis que la vôtre agit ainsi sur moi, vous pouvez me croire. Vous avez aussi largement soigné tout ce qui peut intéresser l'homme poétique qui est en nous, dilettantes de musique. Le riche et artistique enchaînement des motifs, votre façon d'introduire dans un art renouvelé des paroles déjà dites, et surtout l'habileté de votre maniement d'orchestre dont vous tirez les effets de lumière et d'ombre qui sont bien vôtres, tout cela me paraît très précieux. . . . .

. . . .

Recevez donc mes bons souhaits pour l'achèvement de cette œuvre, et gardez-vous d'y rien changer avant de l'avoir entendue plusieurs fois. J'aimerais bien la faire exécuter ici dans un de nos premiers concerts. Ne pourriez-vous pas nous venir en aide, en nous envoyant la partition et les parties d'orchestre quand vous les aurez en votre possession?

J'ai trouvé mon nom écrit par vous sur la partition des concertos de Beethoven. Je suppose que vous avez voulu me les offrir en cadeau, et je les accepte avec d'autant plus de plaisir qu'ils me rappellent le magique évocateur d'esprits qui nous a guidés, de sa main, à travers les hauteurs inaccessibles du merveilleux édifice que la plupart interrogent vainement. La lecture de ces Concerts évoquera sans cesse, devant mon esprit, ces jours inoubliables !

Adieu, très honoré et très cher ami, pensez à moi avec affection.

Dusseldorf, 8 juin 1853, jour où sonne ma 43e année.

Au même.

Cher ami, j'ai beaucoup de choses à vous communiquer : d'abord les amitiés de ma femme et les miennes, ensuite une invitation du Comité des concerts qui vous demande — comme nous aussi — de venir à notre premier concert (le 27 octobre) nous réjouir par votre présence — et nous, spécialement, de vouloir bien considérer notre maison comme la vôtre. Les répétitions auront lieu le mardi soir 27 octobre et le mercredi à 3 h. 1/2 de l'après-midi; et aussi, si tel est votre désir, le jeudi matin.... Nous aurons le plaisir, dans ce premier concert, d'exécuter l'Ouverture de Hamlet. Voici, du reste, le programme complet : Ouverture de Hamlet — Concerto (peut-être de Mendelssohn) — Morceau de chant — Solo de violon et la nuit du Walpurgis de Mendelssohn. Que ce serait beau si vous nous prêtiez votre concours !...

Je dois mentionner le côté affaire : dix Frédérics d'or qui sont une rétribution peu proportionnée; mais tout est relatif, et on ne saurait faire davantage : les petites villes sont forcées de se restreindre.

Nous aurions été heureux de vous compter hier parmi nos hôtes : c'était un jour de joie, l'anniversaire de la naissance de ma femme. Je lui ai offert un piano à queue (de Klemm) et quelques nouvelles compositions : une Ouverture pour *Faust* (ainsi que vous l'aviez prévu), un Concerto pour piano et orchestre (op. 134) et une fantaisie pour violon et orchestre (op. 131), pendant la création de laquelle j'ai constamment pensé à vous. C'est un premier essai. Je vous l'envoie, signalez-moi si, peut-être, certains passages ne seraient pas impraticables. Je vous prie aussi d'examiner dans le manuscrit, les arpèges de la harpe et de me renvoyer ensuite la partition pour quelques jours. La cadence n'est que provisoire ; elle me semble trop courte, et j'ai l'intention de la remplacer plus tard, par une autre, plus développée.

Nous pensons souvent aux bonnes heures que nous avons vécues avec vous. Puissent-elles se renouveler bientôt !

De tout cœur, votre

Robert Schumann.

Dusseldorf, 14 septembre 1853.

Au même.

(Extrait d'une lettre du 8 octobre 1853.)

... Je crois que si j'étais plus jeune, je pourrais écrire quelques vers en l'honneur du jeune aiglon qui est tout à coup descendu des Alpes, en dirigeant son vol vers Dusseldorf[1]. On pourrait aussi le comparer à un torrent puissant qui — tel le Niagara — se montre dans toute sa splendeur, lorsque ses eaux, tombant en chute, reflètent l'arc-en-ciel dans leurs vagues, tandis que les papillons jouent sur ses rives où chantent les rossignols.   .   .   .   .

A Strackerjan.

Dusseldorf, 28 octobre 1853.

... Nous avons ici un jeune hambourgeois, nommé Johannes Brahms, d'une intelligence si géniale qu'il me paraît dépasser de beaucoup tous les jeunes artistes, et dont les œuvres merveilleuses (surtout les Lieder) vous seront bientôt connues.   .   .   .   .   .

A Johannes Jacob Brahms, à Hambourg.

Dusseldorf, 5 novembre 1853.

Honoré Monsieur,

Votre fils Johannes nous est devenu très cher ; son génie musical nous a procuré des heures pleines de

1. Il est question ici de Johannes Brahms.

jouissances artistiques. Pour faciliter son premier pas dans le monde, j'ai hautement proclamé ce que je pense de lui. Je vous envoie ces quelques feuillets dans l'espoir qu'ils causeront quelque joie à votre cœur paternel. . . . .

A Joachim.

Dusseldorf, 21 novembre 1853.

Cher Compagnon de guerre,

... Entre ma femme et moi, il vient de se passer une tragi-comédie : nous avons un ami auquel nous portons un grand intérêt. Il avait dit à ma femme, avec un grand sérieux, qu'il prendrait, sous peu de jours, une décision qui changerait la direction de sa vie. Ma femme vint me trouver un peu troublée. Elle supposait qu'il était question de fiançailles malheureuses, sur quoi j'unis mes malédictions aux siennes. Enfin, d'autres messages nous vinrent — sachez-le — avec l'assurance que c'était tout le contraire, et alors les écailles nous tombèrent des yeux, et nous vîmes clairement ce que nous aurions dû avoir aperçu depuis longtemps — et nos vœux de bonheur en doublèrent. Cher Joachim, je vais composer une symphonie matrimoniale avec solo de violon, et avec un Conte en guise d'entr'acte : j'inscrirai en tête que cette symphonie vous appartient. J'y introduirai force choses : vos innombrables projets de quitter Bonn et de venir à Dusseldorf donneront lieu à de superbes « *crescendos;* » puis viendra votre disparition complète de cette ville, où nous vous cherchâmes comme Franklin ; bref, ce sera ma cinquième symphonie, mais pas en mi mineur ! — en mi majeur et l'Adagio sera très court.

Maintenant, donnez-moi votre main ; promettez-moi de nous inviter à la noce, et je commence la musique. Ah ! coquin ! — Nous prendre ainsi par surprise [1] !

Je pourrais continuer cette lettre encore pendant longtemps ; mais, pour le moment, je suis monté à un tel diapason que je n'en peux plus descendre. Donc, adieu, cher fiancé !

R. Sch.

A Verhulst, à Rotterdam.

Cher Verhulst,

Hier déjà, j'allais t'écrire un mot, mais ma femme se sentant très souffrante, notre voyage devenait fort

---

1. On sut bientôt que le projet de mariage de Joachim n'était pas réel.

douteux : ce sont les suites de sa mésaventure de
Scheweningen. Malgré tout, elle a joué hier soir au
concert — et si bien! Il y eut, dans le public, un
immense enthousiasme, dans lequel j'ai eu aussi ma
part. Cela nous a rendu courage, bien que je sois
encore inquiet au sujet de Clara. Nous partons donc
aujourd'hui, à une heure, pour nous rendre d'abord
à La Haye, où nous espérons voir bientôt notre vieil
ami hollandais — c'est-à-dire *toi*, mon cher Verhulst
— et nous nous réjouissons aussi à la pensée de voir
ta femme et tes enfants.

N'y aura-t-il pas moyen d'entendre un chœur ou un
morceau d'orchestre de ta composition? Tâche que
cela puisse se faire!

Compliments affectueux pour toi et ta femme, avec
l'espérance d'un prompt revoir.

Ton

R. Sch.

Utrecht, dimanche 27 novembre 1853.

A Joachim.

Utrecht, 13 décembre 1853.

Cher Joseph,

J'aurais beaucoup de choses à te conter, mais j'ai
trop peu de temps. En bloc : nous avons, jusqu'ici,

réussi dans notre voyage; on nous a accueillis avec beaucoup de joie et de grands honneurs. Ma chère femme a été plusieurs fois souffrante, mais pas au piano ! — Jamais je ne l'ai entendue aussi bien jouer. Le public hollandais est des plus enthousiastes ; à côté des anciens maîtres, il étudie aussi les modernes. C'est ainsi que dans les principales villes, j'ai entendu exécuter mes œuvres d'une excellente façon : la troisième symphonie, à Rotterdam et à Utrecht ; la seconde à la Haye et à Amsterdam ; et « La Rose, » à la Haye. . . . . · . . . .

. . . .

A Verhulst.

Amsterdam, le 12 décembre 1853.

Cher Verhulst,

Nous avons la nostalgie de notre « home. » Si tu pouvais arranger la soirée musicale de Rotterdam pour samedi, nous viendrions très volontiers, surtout pour passer quelques heures avec toi et ta femme et pour contempler ton admirable énergie. Si cela ne se pouvait pas et que la soirée n'eût lieu que le mardi, il nous faudrait passer trois journées oisives à l'hôtel

où la vie coûte fort cher. Ecris-moi donc *au plus vite*
pour que demain vendredi, à notre retour de La Haye,
nous trouvions une réponse définitive.

Nous partons dans quelques heures pour La Haye,
où une dépêche a appelé Clara pour une soirée chez
la Princesse Frédéric. Demain, elle joue encore chez
Félix Méritis. La soirée d'ici a été très fructueuse.

Le 23 décembre, arrivé à Dusseldorf, Schumann
écrit encore à Verhulst.

« A notre grande joie, nous avons trouvé tous nos
enfants gais et bien portants…. J'ai été heureux de la
forte vérité que tu m'as dite dans ton dernier adieu.
Les fadaises du monde ne sont certainement pas mon
genre; ce qui me plaît, c'est la simplicité. Mais tu as
raison, un temps aussi court est insuffisant pour faire
face à tout et à tous…. Adieu, mon cher ami, tu es un
brave homme. »

La dernière lettre que nous allons citer avant d'ar-
river à quelques extraits, pris dans celles qui sont
datées d'Endenich, est adressée à J. Stern, le 12 fé-
vrier 1854 — l'année fatale — Schumann, dans les
vains projets qu'il forma jusqu'à son dernier jour,
désirait alors remplacer, comme maître de chapelle à
Berlin, J. Stern à qui il offrait, en échange, son poste
de Dusseldorf. Il apprit qu'un journal avait publié
une note concernant ce projet : très irrité, il adressa
à Stern une lettre si violente que, la jugeant maladive,

celui-ci la lui renvoya. C'est alors que Schumann lui envoya la lettre ci-jointe ; elle montre clairement la folie qui l'envahit.

Cher monsieur Stern,

Vous m'avez amené, par votre lettre bien intentionnée, sur un terrain où, par délicatesse, je n'aurais pas dû me laisser conduire, afin de conserver le calme de mon jugement. Connaissant ma musique, vous ne vous doutez pas que je puisse éprouver des sentiments de haine — mais, pour de la susceptibilité, on peut voir facilement que j'en ai. — Oui, j'en ai.

Je vous ai écrit deux lettres, l'une de Hollande et l'autre d'ici. Dans la dernière, je vous proposais ouvertement d'échanger nos deux situations. Je fus froissé de rester cinq semaines sans recevoir aucune réponse ; j'appris alors de Berlin qu'une rumeur circulait à ce sujet. Je ne m'en inquiétai pas : ce n'était encore qu'un de ces lointains projets dont on ne doit pas parler longtemps d'avance, quand il n'est pas encore mûr.... Je vis ensuite les choses sous un aspect plus sombre.

Laissons pousser là-dessus de l'herbe ou bien encore des fleurs. Je vis souvent dans les sphères à peine supportables où, pourtant, je me plais beaucoup ; souvent aussi, je peux devenir méchant en fréquentant les rouages humains, surtout quand un Stern ne me répond pas.

Faites donc que votre lettre ne soit pas la dernière : j'ai joué la prime et la tierce; à vous d'ajouter la quinte.

Je vous entretiendrai du gâchis sans aucune harmonie qui règne ici — aussi approximatif que le premier accord du final de la neuvième symphonie.

Portez-vous bien et buvons ensemble l'eau du Léthé.

Votre dévoué

Robert SCHUMANN.

.   .   .   .

Dans le journal personnel de Becker, on trouve le compte rendu des dernières entrevues qu'il eut avec son malheureux ami qui, le 24 février 1854, lui conta les étranges apparitions qu'il supportait depuis quelques semaines. « Ses oreilles entendaient comme le souffle lointain d'une musique, soutenue par les plus nobles harmonies. Nous étions assis ensemble au restaurant, lorsque commença son concert *interne;* il fut forcé d'abandonner la lecture des journaux. Il pensait que, chez lui, c'était le souvenir d'une vie antérieure après laquelle il avait changé d'enveloppe corporelle. Depuis huit semaines, il ne composait plus. »

Becker est forcé, le 21 février, de constater, avec douleur, la maladie mentale de son ami dont il partagea la garde avec Clara. Ils l'accompagnaient à tour de rôle dans ses promenades. Becker ne pouvait pas croire, dans les moments de lucidité, à la gravité de la situation signalée par Dietrich et par la pauvre Mme Schumann, qui ne quittait ni jour ni nuit son malade adoré.

Obligé de s'absenter pendant quelques jours, Becker apprit, à son retour, la tentative de suicide du malheureux Robert.

Il fallut se résigner à le conduire dans la Maison de santé d'Endenich, où il resta plus de sept mois dans un état complet de prostration, sans demander à voir personne, pas même sa femme.

Et pourtant, Clara n'abandonnait pas encore toute espérance; elle écrivait à Verhulst : « Il ne m'a pas encore réclamée, ni aucun autre non plus, et jusqu'à ce que, de lui-même, il me demande, personne ne sera admis auprès de lui. La guérison sera lente, il faut qu'elle vienne de lui. Ce système est évidemment le bon, mais il est terrible pour moi. Je me dis souvent que je ne puis supporter cette séparation.... Ah ! mon cher ami, je suis certaine que vous partagerez mes sentiments, vous qui savez combien il est tout pour moi, comme je ne puis penser à lui qu'avec la plus profonde vénération. »

*Un changement soudain survint chez Schumann,
le 12 septembre, jour anniversaire de son mariage.
Pour la première fois, il manifesta le désir de recevoir une lettre de sa femme, qui en fut avertie à Dusseldorf. Le 13 septembre, jour de sa naissance, Clara
reçut l'heureux message : ce réveil des souvenirs
aimés lui fit entrevoir une possibilité de guérison;
elle écrivit, le jour même, à son mari dont voici la
réponse :*

Endenich, 14 septembre 1854.

Comme je suis heureux, Clara bien-aimée, de reconnaître ton écriture : sois remerciée de m'avoir écrit
précisément à cette date et de penser encore à moi,
ainsi que les chers enfants, avec la tendresse d'autrefois. Embrasse les petits. Oh! si je pouvais vous voir,
vous parler encore une fois! — Mais la route est trop
longue. Alors, que j'apprenne de toi comment ta vie
est organisée, où vous demeurez, et si tu joues toujours
du piano aussi admirablement; si Marie et Elise font
toujours des progrès, et aussi si elles chantent — et si
tu as encore le piano à queue de Klemm; — ce que
ma collection de partitions (les imprimées) et les manuscrits (comme le Requiem, la Malédiction du chanteur) sont devenus, ainsi que notre album, les autographes de Gœthe, Jean-Paul, Mozart, Beethoven,

Weber et beaucoup de lettres reçues par toi et par moi ;
mon nouveau Journal de musique, et mes correspondances ? As-tu encore, près de toi, toutes les lettres que
je t'ai expédiées, les pages d'amour que je t'ai écrites
de Vienne à Paris ? Peux-tu, par hasard, m'envoyer
quelque chose d'intéressant, peut-être les Poésies de
Scherenberg, quelques vieux volumes de mon Journal,
et les règles musicales de la maison et de la vie ? Il me
manque aussi du papier réglé sur lequel je pourrais
parfois écrire de la musique. Ma vie est très simple, je
suis toujours heureux de voir la perspective de la belle
rue de Bonn, et, quand je suis là, je pense aux Siebengebirge et au Godesberg, où — tu dois t'en souvenir
aussi — travaillant sous un soleil brûlant, j'ai subi les
premières atteintes du mal. Je voudrais savoir aussi,
chère Clara, si tu t'occupes avec soin de mes vête-
ments et si tu m'envoies souvent des cigares. Je tiens
beaucoup à le savoir. Donne-moi aussi des détails
sur les enfants, jouent-ils encore du Beethoven, du
Mozart et aussi mon Album pour la jeunesse ! Julie
continue-t-elle à jouer et comment s'annoncent Louis,
Ferdinand et la charmante Eugénie ? Oh ! comme je
voudrais, une fois encore, entendre ton jeu merveilleux ! Est-ce un rêve que, l'hiver dernier, nous étions
en Hollande et que tu y remportas de si brillants succès, notamment à Rotterdam, où on nous fit une con-
duite aux flambeaux et où tu jouas si admirablement

mon Concerto, les Sonates en ut majeur et en fa mineur de Beethoven, des Etudes de Chopin, les Romances sans paroles de Mendelssohn et aussi mon nouveau morceau de Concert en ré? Te rappelles-tu encore un thème que j'entendis une fois pendant la nuit et sur lequel j'écrivis des Variations : pourrais-tu me le faire parvenir et y joindre peut-être quelques-unes de tes compositions?

J'ai tant de questions, tant de prières — ah! si je pouvais seulement causer une fois avec toi! Si tu veux jeter un voile sur telle ou telle des questions que je t'ai adressées, fais-le.

Porte-toi bien, Clara aimée, ainsi que les chers enfants, et écris-moi bientôt.

Ton vieux et fidèle

ROBERT.

A sa femme.

Endenich, 18 septembre 1854.

Clara chérie, que d'heureux messages tu m'as envoyés! Le Ciel t'a fait présent d'un superbe garçon en juin; les chères Marie et Elise t'ont joué pour ton jour de naissance — à ta grande surprise et à la mienne — les Tableaux d'Orient; Brahms que tu désirais voir et accueillir amicalement, est arrivé pour s'établir à Dusseldorf. — Que d'heureuses nouvelles! Si tu veux savoir le nom que je préfère pour notre enfant, tu peux facilement le deviner : c'est celui de l'inoubliable[1] ! . . . .

. . . .

(A 8 h. du soir). Je reviens de Bonn, visitant toujours la statue de Beethoven qui me ravit. Pendant que je contemplais, l'orgue résonna dans la cathédrale.

Je voudrais t'adresser une demande : écris donc au Dr Peter de me donner un peu plus d'argent, car je rencontre souvent de pauvres gens qui me font grand pitié.

Donne-moi des nouvelles détaillées de nos parents et de nos amis que tu connais tous. . . . . . .

Je te rappellerais volontiers tous nos voyages, en Suisse, à Heidelberg, à La Haye, où tu jouas si puissamment..., à Anvers, à Bruxelles, à la fête musicale de Dusseldorf, où tu jouas pour la première fois ma quatrième Symphonie et deux jours après mon Concerto en la. . . . .

Te souviens-tu encore du jour où les Alpes se mon-

---

1. Ce dernier enfant de Schumann fut effectivement appelé Félix, en souvenir de Mendelsshon. Il mourut, jeune étudiant, sans avoir connu son père. Il était né poète : Brahms fit connaitre ses Lieder en les mettant en musique.

trèrent à nous dans toute leur splendeur et où notre cocher t'effraya, en nous faisant tomber dans un abîme dangereux? As-tu encore le petit portrait double que Rietschel fit à Dresde? Que je serais heureux de l'avoir ici! . . . .

Je vais répondre à Marie et à Elise qui m'ont si tendrement écrit. Donc adieu, bien-aimée Clara, ne m'oublie pas, écris bientôt.

Ton

ROBERT.

Le 26 septembre.

Quelle joie, ma Clara chérie, m'ont apportée ta lettre et le double portrait. Mon imagination s'était un peu troublée pendant mes nuits d'insomnie, mais maintenant je te vois avec ta démarche noble et sérieuse. Tout ce que tu m'écris sur les nôtres et sur les aptitudes musicales de Julien m'a rendu très heureux. Et aussi ce que tu me dis sur les compositions de Brahms et de Joachim. Je suis surpris que Brahms s'adonne à l'étude du contrepoint, cela ne semble pas cadrer avec la nature de son talent.... Merci pour la communication sur les dates de naissance de nos chers enfants; quelle marraine choisis-tu, chère Clara, et dans quelle église aura lieu le baptême? Parle-moi davantage des enfants et de toi, chère Clara, si profondément aimée.

Ton

ROBERT.

A sa femme.

Le 12 octobre 1854.

J'ai reçu ta nouvelle et tendre lettre, avec ton daguerréotype et celui de Mariette dont je conserve le souvenir. Je t'envoie aussi un remercîment pour les cigares, comme pour le quatrième volume du Wunderhorn. Je suis de plus en plus émerveillé des Variations de Brahms; veux-tu lui remettre la lettre ci-incluse?... Je suis heureux que tu reçoives des nouvelles de tous nos amis.... Et je veux te dire aussi que je suis de plus en plus charmé de tes Variations (op. 20), elles me rappellent ton jeu et le mien.

Je pense aux poésies que tu m'as inspirées, chère Clara, et un jour du mois d'août où.... Le jour suivant, je t'envoyai, par Becker, ma bague de fiançailles. Te rappelles-tu qu'à Blankenburg, je te fis tenir, pour ton jour de naissance, ma bague de diamants dans une branche de fleurs! Et que tu perdis, à Dusseldorf, un des diamants que quelqu'un retrouva? Ce sont là des souvenirs bénis ! . . . .

. . . .

27 novembre 1854. J'écris moi-même à Brahms. Son portrait, dessiné par Laurens, est-il encore accroché dans ma chambre de travail? Quel bon et gentil garçon ! Je me rappelle toujours, avec ravissement, l'impression que je ressentis, lorsqu'il me joua, pour la première fois, sa Sonate en ut majeur — et, plus tard, celle en fa dièse mineur et le Scherzo en si bémol mineur! Oh! si je pouvais encore l'entendre! Et ses ballades aussi.

A Johannes Brahms.

Endenich, 27 novembre 54.

Ami! Que ne puis-je vous revoir et vous entendre jouer vos superbes Variations, et aussi ma Clara, sur laquelle Joachim m'a écrit de merveilleuses choses. Comme l'ensemble devient facile à comprendre! Comme on vous retrouve, dans ce brillant éclat fantaisiste, uni à une habileté d'art que je ne vous connaissais pas, lorsque le thème qui n'a encore paru que par-ci par-là, très discrètement, devient si passionné et si intime! Ce thème, qui se précipite de nouveau avec mæstria dans la quatorzième Variation, est conduit avec un art parfait dans le Canon de la seconde, et dans la quinzième en sol dièse majeur, dont la seconde partie est vraiment géniale.

Et j'ai aussi à vous remercier, cher Johannes, pour les affectueuses bontés dont vous comblez ma Clara, qui m'en parle dans ses lettres. Hier, à ma grande joie, elle m'a envoyé — vous le savez peut-être — deux volumes de mes compositions et les *Flegeljahre* de Jean-Paul. J'espère maintenant recevoir de vos nouvelles d'une autre façon : votre écriture seule est pour moi une précieuse joie.... Ecrivez bientôt à votre dévoué et aimant

Robert Schumann.

Au même.

Le 15 décembre 1854.

Très cher ami! si je pouvais être avec vous pour Noël!... Vous entendre!... Clara m'a envoyé (en même temps que ton portrait) la poésie de Rückert, *l'original*; cela me fait à la fois plaisir et peine qu'elle l'ait sortie de l'album. Elle me parle de Ballades composées par toi, depuis que nous sommes séparés? pas le Scherzo? sûrement. Je serais si heureux de connaître de toi quelque chose de nouveau.... Depuis Hanovre, nous ne nous sommes plus revus. Ah! que c'était donc un heureux temps!... Je me réjouis fort des promesses de talent que donnent mes trois filles; les entends-tu quelquefois? Adieu, mon fidèle ami, parle de moi, et continue à m'écrire.

Ton profondément dévoué

Robert SCHUMANN.

On trouve encore deux lettres adressées à sa femme, deux à Joachim, et trois à Simrock, éditeur, à Bonn, lettres toutes pleines de détails musicaux. La dernière est datée du 13 avril 1855 — puis, plus rien — Robert Schumann vit encore, mais il est plongé dans le dernier, l'éternel silence.

LA ROCHE-SUR-YON

IMPRIMERIE CENTRALE DE L'OUEST

56-60, RUE DE SAUMUR